基本がわかる／実践できる

Marketing Research

マーケティングリサーチの手順と使い方

定性調査編

図解＆事例

アウラマーケティングラボ代表
石井栄造
Eizo Ishii

日本能率協会マネジメントセンター

はじめに

　本書は、定性調査でマーケティング意思決定するための方法と、定性調査と定量調査の相互補完関係からマーケティング意思決定に資する方法の2つの視点を基軸にしています。つまり、定性調査を通して、マーケティングの意思決定を行う視点を供する本として書かれていますので、リサーチだけでなく、マーケティングに関わる全ての方を読者対象にしています。

　マーケティングリサーチには、定量調査と定性調査という2つの方法があります。定量調査は、「ネットリサーチ」というひとつの完成形があり、ほぼ「自動的」に使えるように体系化されています。
　一方の定性調査は、「量」をデジタル処理できる定量調査とは違い、調査対象者の「ナマの発言（コトバ）」から消費者心理を類推するといった特性のため、デジタルで分析するための体系化が進んでいません。つまり、定性調査は「属人的スキル」で成り立っている部分が大きいのです。
　本書は、この属人的スキルを磨くことに加え、少しでも定性調査の分析の精度向上を目指したいとの2つの目的のために役立つように配慮しました。

　定性調査は調査対象者の「ナマの発言」をデータ（質的データ）として扱うため、データサイエンスの知見を取り入れる余地が少ない状況です。世の中があらゆるデータ（量的データ）を統計学的に処理して成果を得ようと動いている中で、「ナマの発言」を収集・分析するアナログの極地である定性調査が現代のビジネスシーンでどのように活用できるかが問われるところですが、データサイエンスが隆盛を極めるほど定性調査の重要性が増します。それというのも、マーケティングの意思決定はデータ分析の「量」と人間の心の内を表現するコトバの「質」の両輪がうまくかみ合わないと、最適解を導くことはできないからです。

本書では、定性調査の基本知識から、企画設計、インタビュー、分析の実際までをできるだけ体系的に理解でき、なおかつ具体的な実施マニュアルとして活用していただけることを目指しています。
　「理論的背景だけでなく、現場で使いやすい」がどこまで実現できているか、いろいろなご意見をいただければ幸いです。

2019 年 2 月

石井栄造

目次──マーケティングリサーチの手順と使い方［定性調査編］

Contents

はじめに ……………………………………………………………………………………… 3

各章のポイント ……………………………………………………………………………… 12

第1章　定性調査の特徴と特性

1» マーケティングリサーチとは何か ……………………………………………… 24
  - マーケティングリサーチの定義　24
  - マーケティングリサーチの必要性　24

2» 定量調査と定性調査の違い …………………………………………………… 25
  - 定量調査とは何か　25
  - 定性調査とは何か　26

3» 定性調査の2つの機能 ………………………………………………………… 28
  - 消費者視点がわかる　28
  - 定量調査を補完する　29

4» 2つの質問形式 ………………………………………………………………… 29
  - アスキングとリスニング　29
  - アスキングとリスニングの実施ポイント　30

5» 代表的な定性調査の手法 ……………………………………………………… 31
  - インタビュー調査　31
  - 行動観察　32
  - 生理計測機器を使用する調査　33

Column 1　マーケター気質 VS リサーチャー気質 …………………………………… 34

第 2 章　インタビュー調査の種類と方法

1 » 代表的なインタビュー調査 ―― 36
- 1on1（ワンオンワン）　37
- FGI（フォーカスグループインタビュー）　37
- その他の主な手法　39

2 » 観察調査 ―― 40
- 参与観察　40
- 行動観察　42
- ホームビジット　45
- 同行調査　46

3 » 主なインタビューテクニック ―― 47
- 投影法　47
- コンテクスチュアルインクワイアリー法　50
- メタファー法　51
- 評価グリッド法とラダリング法　53

4 » インタビュー法の発展形 ―― 56
- クイックインタビュー　56
- リエゾンインタビュー　58
- DaybyDay インタビュー　60

5 » その他のインタビュー法 ―― 62
- ワークショップ　62
- ワールドカフェ　64
- コグニティブインタビュー　64

Column 2　対話者が話しやすい雰囲気づくり ―― 66

第 3 章　定性調査の進め方

1 » 調査テーマを明確にする ―― 68
- マーケティングテーマへの意識　68
- マーケティングテーマからリサーチテーマへ　68
- リサーチテーマからマーケティングテーマへ　70
- 定性調査の仮説構築　70

2 » 企画書を書く 71
- 企画書をゼロから書く理由　71
- 調査背景の書き方　74
- 調査目的の書き方　75
- インタビューフローの作成　75
- インタビューフローを書くときの注意点　75
- インタビューフローの構成　77
- クライアントへのブリーフィング　79

3 » 実査の準備をする 80
- 調査方法を決める　80
- 対象者条件を決める　80
- 対象者人数（グループ数）を決める　82
- 対象者の最適人数──FGI の場合　82
- インタビューの時間　83
- リクルーティングをする　84
- インタビュールームの予約　86
- インタビュールームの条件　86

4 » インタビューを行う 88
- 意外に大事な事前準備　88
- インタビュー進行の留意点　90
- アイスブレイクは簡潔に　90
- FGI アイスブレイクの留意点　92
- 本題のインタビュー　93
- 深掘りの留意点　94
- デブリーフィングの留意点　95

5 » 分析を行う 97
- 発言録の留意点　97
- 分析の留意点　100
- 分析の4つのステップ　102
- テキストマイニング　105

6 » 報告書を書き、報告する 106
- 報告書の作成　106
- まずは文章にする　108
- プレゼンテーションのポイント　109
- プレゼンの事前準備の留意点　111
- プレゼン資料の留意点　111

Column 3　対象者模様 112

第4章 インタビューの実務

1 » 対象者と対するときの心構え ……………………………………………… 114
- 行動のすべてを記憶しているわけではない　114
- 「作話」がある　114
- バンドワゴン効果　115
- 集団両極化現象　116
- 対象者は「回答マシーン」ではない　117
- 3つのアポリアを持っている　118
- 対象者の調査慣れ対策　120

2 » モデレーターの役割 ……………………………………………………… 121
- モデレーターの心得　121
- インタビューの目的を把握する　124
- 「入り込む」を意識する　124
- 沈黙に耐える　125
- プロービングを行う　127
- プロービングのやり方　127
- プロービングの5つの原則　129
- インタビューの深掘り　131
- オーバーラポールに気をつける　132
- 非言語コミュニケーションの使い方　133
- 特殊な対象者への対応　134

Column 4　エクストリームユーザー（鋭い対象者）……………………………… 136

第5章 目的別定性調査の実務

1 » ニーズ探索 ………………………………………………………………… 138
- ニーズ発想の新製品開発　138
- 個人ニーズと社会的ニーズ　139

2 » コンセプト開発・評価 …………………………………………………… 140
- コンセプト開発　140
- コンセプト受容性の測り方　141
- コンセプトの理解・共感・購入意向　142

3 » STP分析 ……………………………………………………………… 143
- セグメンテーション、ターゲティング　143
- ポジショニング　145

4 » ブランディング ………………………………………………………… 147
- ブランドとプレミアムブランド　147
- ブランドとは　148
- ブランドイメージの定性調査　148

5 » 価格調査 ……………………………………………………………… 150
- 価格と定性調査　150
- ブランド、製品評価のインタビューの最後に必ず価格を提示する　150
- 消費者は各ジャンルで「値ごろ感」を持っている　151
- プレミアム価格かジャンルが違ったかを考慮する　151
- 情報フレーミングに留意する　152
- 台割れ価格効果に留意する　152
- 最寄り品と買回り品の定性調査　152
- 定量調査結果の深掘り　154
- 定量調査設計のために　155

6 » インサイト発見 ………………………………………………………… 155
- 消費者インサイト　155
- 思いもよらない気づき　156
- 対象者のインサイト　157
- インサイトのためのモデレーションと分析　158

7 » ペルソナ ……………………………………………………………… 160
- ペルソナとは　160
- ペルソナの効用　162
- ペルソナの作り方　163
- ペルソナのシナリオ作り　165

8 » カスタマージャーニー ………………………………………………… 167
- 消費行動を旅行と捉える　167
- 冷蔵庫買い換えのカスタマージャーニー　167
- カスタマージャーニーマップの作成　171

Column 5 エピソード記憶と意味記憶 …………………………………… 172

第6章 ネット活用の定性調査

1 » インターネットと定性調査のリテラシー …… 174
- ◆定性調査が求める対象者のリテラシー　174
- ◆インターネットが要求するリテラシーの変化　175

2 » Skype で定性調査 …… 176
- ◆離れていてもできるインタビュー調査　176
- ◆ホームビジットでの Skype 活用　177

3 » MROC® という手法　178
- ◆オンライン上のリサーチコミュニティ　178
- ◆MROC® の活用方法　179

4 » Web サイトの評価を定性調査で …… 180

Column 6 情報検索無限大時代の意思決定 …… 182

終章 これからの定性調査の可能性

1 » Web による消費行動の変化 …… 184
- ◆インターネットの衝撃　184
- ◆激変した消費行動　185
- ◆リアル店舗とネット通販での買物　185

2 » AIDMA から AISAS へ …… 188
- ◆テレビ CM 全盛時代の AIDMA　188
- ◆ネット時代の AISAS　189

3 » ビッグデータ分析と定性調査 …… 190
- ◆ビッグデータ分析でわかること　190
- ◆ビッグデータの定性調査での活用　191
- ◆文脈・ストーリーの分析は人間ならでは　191

4 » エスノグラフィーの可能性 …… 192

5 » VR と定性調査 …… 193
- ◆VR の可能性　193
- ◆マーケティングリサーチへの応用可能性　194

6 » ネットリサーチと定性調査の関係はどうなるか　194
- ネットリサーチがもたらしたもの　194
- ネットリサーチの定性調査的分析を行う　195
- ネットリサーチと定性調査をセットで行う　196

7 » 定性調査のトレンド分析　196
- トレンド分析は難しい？　196
- モデレーターが気をつけること　197

8 » 定性調査の個人情報　197
- 個人情報保護の原則　197
- インタビュー時に気をつけること　199

Column 7 選択盲と変化盲　200

付録 報告書の例　201
索引　207

各章のポイント

第1章　定性調査の特徴と特性

1 マーケティングリサーチとは何か
- マーケティングリサーチとは、マーケティング活動を行うときに発生する課題を解決するために、データを収集・分析して意思決定材料を求める手段といえる。

2 定量調査と定性調査の違い
- マーケティングリサーチは定量調査と定性調査に分けることができる。
- 定量調査は回答者や回答データを「量」として扱う。定性調査は回答者や回答データを「コトバ」として扱い、インタビューでデータを集める。
- 定量調査は一定程度のサンプルサイズが必要だが、定性調査は1人でも成立する。

3 定性調査の2つの機能
- 定性調査によって、市場の仕組みやその仕組みができた理由について、消費者視点から分析することができる。
- 定性調査は、定量調査結果の意味や背景を探ることや、定量調査の回答選択肢づくりに役立つなど、定量調査と相互補完関係にある。

4 2つの質問形式
- 対象者に質問して回答を引き出す形式を「アスキング」と呼び、質問を極力せずに対象者の発言を聞く方法を「リスニング」と呼ぶ。
- 定量調査はアスキング形式に偏り、定性調査はリスニング寄りとなる。
- リスニングを徹底させたものに、参与観察や行動観察の調査方法がある。

5 代表的な定性調査の手法
- 定性調査の中でも多いのはインタビュー調査である。
- 有識者に話を聞く「ヒアリング」と定量調査を組み合わせたもので「デルファイ法」がある。数回のヒアリングとフィードバックを繰り返す。
- 観察調査は、製品の使いやすさの改善や新しいコンセプト開発に使われる。
- 製品の使用場面を観察するために対象者宅を訪問してインタビューする「ホームビジット」という方法がある。

第2章　インタビュー調査の種類と方法

1　代表的なインタビュー調査

- インタビュー調査の主なものに1on1（ワンオンワン）とFGI（フォーカスグループインタビュー）がある。
- 1on1は1対1で会話する方法で、「大きなテーマ」に有効である。
- FGIは3～8人くらいの同質の対象者を集め、テーマについて話し合いをしてもらう。「小さな（具体的な）テーマ」に向いている。
- ペアインタビュー（夫婦や恋人同士の2人）やファミリーへのインタビューもある。

2　観察調査

- 文化人類学で発展したエスノグラフィーの手法は、マーケティングリサーチにも応用されるようになっている。
- 対象の文化に入り込み、ともに暮らし観察する方法を参与観察という。
- 対象の行動を観察・記述する「行動観察」という方法がある。
- 行動観察は必ず複数の人間で観察し、観察結果を議論する。
- 行動観察は、①対象の行動を細かく観察し、分解する、②それぞれの行動の意味・理由を考える、③対象への質問項目をだす、というプロセスで実施する。
- ホームビジットの利点は生活場面の観察と生活場面でのインタビューができることである。
- スーパーやドラッグストアに対象者と一緒に行って買い物をしてもらい、その後にインタビューをする方法を同行調査という。

3　主なインタビューテクニック

- 投影法は自主的に描く文章や絵の中に対象の心理が表われるという前提に立っている。
- コンテクスチュアルインクワイアリー法は、対象者を師匠に見立てて使い方などを教えてもらうという形式をとる。ユーザビリティの問題点の発見などに役立つ。
- メタファー法は、脈絡のない写真の中から数枚選んでもらい、それをストーリー化してもらうことで潜在している心理やイメージを顕在化させる方法である。
- 評価グリッド法は、一対比較や順位づけを行った後に比較しながら商品を評価させる。

- ◆ 評価グリッド法のインタビューは「ラダーアップ」「ラダーダウン」を意識して行う。
- ◆ 評価グリッド法の分析は、ラダリング法を使うことが多い。

4 インタビュー法の発展形

- ◆ クイックインタビューは効率的にインタビューし、サンプルサイズを大きくするために行われる。
- ◆ リエゾンインタビューはモデレーター対対象者の対立関係をなくすために行われる。
- ◆ 同一対象者に、2日間連続で1on1インタビューを行うことをDaybyDayインタビューという。深いインサイトが得られることがある。

5 その他のインタビュー法

- ◆ ワークショップは、参加者同士でお互いに知識を出し合いながら作業をするもので、発展形にワールドカフェがある。
- ◆ コグニティブインタビューは、エピソード記憶の再生を目指している。文脈再現、悉皆報告、出来事の逆順再生、などを行う。

第 3 章　定性調査の進め方

1　調査テーマを明確にする
- ◆ マーケティングテーマが提示されたら、リサーチテーマに転換する。
- ◆ リサーチテーマとマーケティングテーマは常にセットで考えるようにする。

2　企画書を書く
- ◆ 調査背景は、市場の状況、自社・自社ブランドのポジションと課題を記述する。
- ◆ 調査目的は箇条書きがよい。
- ◆ インタビューフローは、イントロダクション、アイスブレイク、導入話題、本テーマ、クロージングで構成する。
- ◆ インタビューフローの作成後、クライアントにブリーフィングをする。

3　実査の準備をする
- ◆ 調査方法は、テーマに応じた手法を検討する。
- ◆ 対象者条件は、当該商品の購入・使用実態を基準にデモグラフィック特性が同質になるように決める。
- ◆ 対象者人数やグループ数は予算・日程・リクルーティングの困難度などから決める。
- ◆ 1 グループの最適人数は、現在では 4 人とされている。
- ◆ FGI は 2 時間が一般的である。
- ◆ 1on1 は 1 時間程度で実施されることが多い。
- ◆ リクルーティングには、機縁法とネットモニターを使う方法がある。
- ◆ インタビュールームの広さは 8 ～ 10 人程度が着席して、その後を 1 人が自由に動ける程度がよい。
- ◆ テーブルの高さは 65cm 程度、楕円がよいといわれている。
- ◆ DVD 再生のできる画面やホワイトボード、録音・録画できる設備や同時通訳設備があることが望ましい。

4　インタビューを行う
- ◆ インタビューが始まる前のチェックは完璧に行う。
- ◆ インタビューの開始時に対象者の不安を取り除き、自由に発言できるように準備する。
- ◆ アイスブレイクの目的はラポール形成にあるので、あまり時間をかけすぎな

いようにする。
- ◆ インタビューを活性化するために現物の提示や簡単な作業をさせることがある。
- ◆ プロービング（聞き返すこと）は対象者に揚げ足取りにならないように、ツッコミどころを間違えないように行う。
- ◆ 深掘りは対象者の発言に同意しつつ深く聞いていく。
- ◆ インタビュー終了後はデブリーフィングを行う。

5 分析を行う

- ◆ 発言録は「発言したそのまま」を書くのではなく、「ある程度編集された」ものにする。
- ◆ 定性調査の分析は、①調査目的が受容されたか、否定されたかの判断、②受容・否定のストーリーづくり、③新しい発見があったかを意識するようにする。
- ◆ 分析は早すぎてもよくないが遅いと記憶の劣化が問題になるのでタイミングを逃さないようにする。
- ◆ 分析の4つのステップは、①インタビュー中のスクラップアンドビルド、②デブリーフィングでの分析方向の組み立て、③沈殿期間、④文章化して報告書を書く、である。
- ◆ アンケートの自由記述、発言録、口コミの分析などにテキストマイニングが使われる。

6 報告書を書き、報告する

- ◆ 調査概要・結果の要約・結果の詳細・調査資料の4部からなる。
- ◆ プレゼンテーションは、インタビューに参加しなかった人を納得させるのがポイント。そのためにもマーケティングストーリーを練り上げる。
- ◆ プレゼンではインタビューの雰囲気、主要な発言なども紹介して結論に至るプロセスを説明し、納得してもらうようにする。

第4章　インタビューの実務

1 対象者と対するときの心構え

- ◆ 対象者は、会話の中で自然に「作話」を行う。作話は「正直なウソ」といわれている。
- ◆ FGIでは同調圧力と集団両極化現象に注意してモデレーションする。
- ◆ インタビューの最初では、対象者をアクティブな状態にするため、発言をうながすことに注力する。対象者の発言は基本的に遮らない。
- ◆ アスキングよりもリスニングに重点を置いたモデレーションを心がける。
- ◆ 対象者は「3つのアポリア」を抱えている。これを解消するのがモデレーションである。
- ◆ 調査慣れした対象者は、できるだけ避けたい。ただ、ラポール形成が早いなどのメリットもあるので、利点を活用する場合もある。

2 モデレーターの役割

- ◆ 定性調査は、「新しい発見、気づき」を引き出すことを期待されている。そのため対象者に共感しつつも、冷静に観察する必要がある。
- ◆ 「入り込む」ことはモデレーションのテクニックのひとつであり、対象者が持っている世界観の中に入り込むことである。
- ◆ 入り込みに成功するためには、共感すること、雰囲気に自分を溶け込ませることが必要である。
- ◆ モデレーターは対象者の沈黙に耐えなければならない。沈黙の後に豊かな表現が訪れると考える。
- ◆ プロービングは対象者発言の意図や背景などを補うために行う。
- ◆ プロービングは流れが切れないように、重要な発言に関して行うように気をつける。
- ◆ プロービングには、①時間的、空間的広がりをうながす、②関係性を意識させる、③メタファーを引き出す、④ラダーを意識させる、⑤感情的プレッシャーをかける、というテクニックがある。
- ◆ モデレーションでは「深掘り」が必要である。
- ◆ 「異常に興奮状態の人」を落ち着かせるために、その人の顔を見ないようにする、違う人を指名する、話題を変える、などの方法がある。

第5章 目的別定性調査の実務

1 ニーズ探索
- 新製品や新サービス開発には、シーズ発想とニーズ発想がある。
- 対象者の発言がそのままニーズになることはない。建前的発言の背景をプローブや分析することでニーズを導き出す。

2 コンセプト開発・評価
- いくつかのコンセプト案を提示して評価を聞く。
- コンセプト受容性は、①コンセプトの理解、②共感性、③購入意向、の3点をチェックする。

3 STP分析
- 定性調査のセグメンテーションやターゲティングはリクルーティング条件のことである。
- ポジショニングマップは、マーケティング的重要性とわかりやすさを意識して作成する。定性調査でポジショニングするときは軸の決め方に留意する。

4 ブランディング
- ブランドについての定性調査は、ある製品のCMやプロモーションが既存のイメージにどう影響したかがテーマになる。ブランドの総合分析には定性調査が必要である。

5 価格調査
- 対象者は、あらゆる商品ジャンルに値ごろ感を持っていることを前提にモデレーションする。

6 インサイト発見
- 消費者インサイトの発見は、定量調査よりも定性調査が適している。
- モデレーション中に急に「思いもよらない発見、気づき」がもたらされることがあるので、それを大切にする。
- モデレーターは対象者がインサイトを語りやすいようにモデレーションを工夫する必要がある。
- インサイトをもたらす対象者の特徴として、①落ち着きがない、②発言に自

信がなさそうだが、よく喋る、③FGIの文脈を無視した態度・発言が多い、などがあげられる。
- ◆ モデレーターは、インタビュー中に鳥の視点を持って全体を見渡す態度を持つことが重要である。

7 ペルソナ
- ◆ ペルソナとは、当該ブランドがターゲットとする典型的な人と定義できる。
- ◆ 社内メンバーの意思を統一しやすくすることがペルソナを作る目的のひとつである。
- ◆ ペルソナを作る際、①ペルソナを使う目的、②使う範囲、使う期間、③使い方、を決めておく必要がある。

8 カスタマージャーニー
- ◆ 消費者がある商品・ブランドを購入するまでの流れをひとつの旅行と考え、順番に記述することをカスタマージャーニーという。
- ◆ カスタマージャーニーマップはタッチポイントごとのマーケティング施策を考えて作成する。

第6章　ネット活用の定性調査

1 インターネットと定性調査のリテラシー
- インタビュー調査は発話リテラシーを対象者に求める。
- インターネットの入力方法がタイピングからフリック入力、音声入力と多様化すると、Webでの定性調査の可能性が広がる。

2 Skypeで定性調査
- 地方や外国に住んでいる人にもインタビューすることができるので、時間やコストの合理化ができる。
- 臨場感が弱くなるので、「同じ場を共有」している感覚を持てるようにインタビューする。

3 MROC®という手法
- オンライン上でリサーチのコミュニティ（専用サイト）を作り、その中でFGIを行うことをMROC®（Marketing Research Online Community：エムロック）という。
- 時間・場所の制約がない、匿名性が保てるなどの利点がある。

4 Webサイトの評価を定性調査で
- Web消費の利点を定性調査で体系化する必要がある。
- サイト評価のインタビューは、タスクを与えて自由に操作させ、操作が終わったあとでインタビューする。

終章　これからの定性調査の可能性

1　Web による消費行動の変化
- インターネットによってネットが家庭に普及し、消費者は能動的に商品情報にアクセスできるようになった。
- Web の消費生活への浸透によって、コンシューマー・ジェネレイテッド・マーケティング（CGM）が可能になってきた。
- ネット通販は商品陳列の限界がない。いつでもどこでも買い物できる。リアル店舗の買物と大きな違いがある。

2　AIDMA から AISAS へ
- AIDMA は、認知（Attention）、興味・関心（Interest）、欲しい気持ち・欲望（Desire）、記憶（Memory）、購入（Action）というプロセスで、テレビ広告と店頭での購入を前提としたモデルである。
- AISAS とは、認知（A）、興味・関心（I）、探索（Search）、購入（A）、シェア（Share）というプロセスで、ネット時代の消費者行動モデルである。
- Search は頻繁に行われるが、Share の発生は少ない。

3　ビッグデータ分析と定性調査
- 大量データの自動収集・蓄積、大量データを処理するコンピュータパワー、統計手法の開発によってビッグデータ分析が可能になった。
- 仮説に基づいてデータを収集して分析するマーケティングリサーチとビッグデータ分析はレイヤーが異なる。
- ビッグデータ時代の定性調査には、人間ならではの文脈・ストーリーの作成・分析がより求められるようになる。

4　エスノグラフィーの可能性
- これからの定性調査は、エスノグラフィーの要素が強くなってくると考えられる。
- マーケター、リサーチャーは参与観察の考え方を意識することが大切である。

5　VR と定性調査
- ゲームなどで用いられている VR は、他の分野でも今後活用が進む可能性が高い。

- ◆ 定性調査では売り場をVRで評価するなどの利用が考えられる。

6 ネットリサーチと定性調査の関係はどうなるか

- ◆ ネットリサーチは安くて早いので、メリットが大きい。
- ◆ ネットリサーチを分析してから定性調査したり、定性調査の結果をネットリサーチで検証したりすることが増えてくる。

7 定性調査のトレンド分析

- ◆ マーケティングリサーチはトレンド分析が不得意だが、分析にトレンドの視点は重要である。
- ◆ モデレーターもトレンド視点を持ってインタビューすることが大切である。

8 定性調査の個人情報

- ◆ 個人情報は、①対象者名簿は暗号化された名簿でやり取りする、②個人名はモデレーターと記録者だけに開示する、③終了後、名簿はシュレッダーにかけ、ファイルは削除する、という処理にする。
- ◆ インタビュー開始時に、①個人情報は今回のインタビューだけでの利用であること、②個人名や発言内容が外部に漏れることはないこと、③録音・録画は報告書を書いたら廃棄すること、を宣言すれば対象者は了解してくれる。

第 1 章
定性調査の特徴と特性

- 定性調査は定量調査の補助や補完として使われてきた歴史があります。数値で客観的に説明できる定量調査と比べると、体系的な手法の確立が難しいという印象があったのかもしれません。
- しかし、最近になって定性調査はそれ単独でマーケティング活動に有効に活用できるという認識が高まってきています。
- それはなぜなのか、この章では定性調査の特徴や特性について述べていきます。

1 » マーケティングリサーチとは何か

◆ マーケティングリサーチの定義

マーケティングリサーチとは、「**マーケティング活動の企画、遂行、検証の各場面で発生する課題に関して何らかの手段でデータを収集し、分析し、その課題の実態や構造を明らかにする手段**」と定義[1]できます。

つまり、製品の開発や販売促進などのマーケティング活動を行う上で発生する課題を解決するために、自らデータを収集・分析して、今後のマーケティング活動の指針となる意思決定材料を求める手段といえるでしょう。

◆ マーケティングリサーチの必要性

マーケティングリサーチなしでマーケティング活動を行うことは、羅針盤や海図を持たずに荒海に乗り出すようなものといわれることがあります。ここでいう荒海とは、マーケット（＝市場）のことで、海図がリサーチデータになると考えてください。

海図はすでにできあがったものを買ってくればよいのですが、それに

---

[1] アメリカ・マーケティング協会（AMA）では、「マーケティングリサーチは情報を通じて消費者、顧客と市民をマーケターとつなぐ機能」と定義している。

自分の航海の目的や過去の経験を書き込むことによって、より精度の高い自分だけの海図を作ることができます。この海図があれば航海というレース（市場競争）に勝つ可能性を高められますし、たとえ、敗れても次回のレースのための参考データとすることができます。

　羅針盤とは自分の船の位置を測定する道具ですが、この測定こそがマーケティングリサーチになります。精度の高い海図の上に羅針盤で測定したデータをプロットして初めて自分の位置を確定することができます。

　小さな船で岸が見える航海をしているときには海図も羅針盤も必要ないでしょう。顔見知りの顧客に決まったものを売っている商店街のお店がマーケティングリサーチを行ってもさほどの成果が期待できないのと同じことです。

　反対に、外洋に出て行く船が羅針盤も海図も持たないということは考えられません。しかも、現在の海（市場）は変化が激しく、競争する船（競合会社）の数も多いし、外国船（海外企業）とも競争しなくてはなりません。

　このような状況では、海図というデータベースを充実させ、羅針盤というリサーチ技術にみがきをかけて、日々の航海（マーケティング活動）に役立てる必要があります。これらにもとづいて日々のマーケティング活動の企画、遂行、検証を行う必要があるのです。

2 》定量調査と定性調査の違い

◆ 定量調査とは何か

　マーケティングリサーチは「**定量調査**」と「**定性調査**」に分けられます。

定量調査は文字どおり、**調査の回答者（「モニター」といいます）や回答データを「量」として扱って集計・分析を行います**。ですから、結果は合計値、平均値、比率など「数値」を使って表現されます。

　また、定量調査は「アンケート調査」とも呼ばれ、SNS[2]上などでも簡単な質問にイエス／ノーで答えてもらうだけで成立します。

　例えば、「こしあんとつぶあんではどちらが好きですか」という質問をすれば、「こしあん派○％」対「つぶあん派×％」でこしあん派が多い（少ない）という結果がすぐに出ます。さらに両方好き、両方嫌いという選択肢を設置しておけば全体像をつかむことができます。

　このようにアンケートを実施する媒体を決め（紙なのか、Webなのか、など）、質問文を作成し、回答を募って集計すれば定量調査らしきものは完成します。

　ただ、実際のマーケティングリサーチの現場ではこのような方法ではなく、インターネット上でモニター登録した人に調査票[3]（Web画面）を送り、30問とか50問の質問をして、その回答を集計します。インターネットユーザーが少ない時代はネットユーザーを消費者の代表と考えてしまうとバイアス[4]があるという見方もありましたが、総務省「通信利用動向調査」によると現在ネットの普及率は80％を超えており、バイアスはかなり少なくなっています。

◆ 定性調査とは何か

　一方の定性調査は、**回答者や回答データを数値ではなく、「コトバ」として分析を行います**。インタビューという方法でコトバとしてのデータを集めるのです。その記録を「**発言録**」といい、これが分析の元となるデータです。ただ、定性調査のデータはコトバなので集計は行いません。ただし、テキストマイニング[5]という分析手法があり、KH-Coder

---

[2] ソーシャルネットワーキングサービスの略称。
[3] 質問文と回答選択肢がセットになった一覧表。インターネットリサーチ以前は、紙に印刷された調査票だった。ネットリサーチでは画面に表示される。
[4] バイアス：先入観や偏見など偏った考え方や視点のこと。
[5] テキストマイニング：データマイニングの一手法。文章を単語に分割し、単語と単語の係り受けや共起関係（同時に起こる）などから分析する手法。（105ページ参照）

などのソフトウェアを用いて定性データを定量的に扱うことはできますが、まだ、補完的な活用です。

定性調査の分析は、「対象者（インタビューに答えてくれる人のこと）の発言をマーケティング的に意味解釈する」ことといえます。発言の「文脈」や「意味のつながり」「整合性」を考慮しながらマーケティング的ストーリーを紡ぎ出すのが定性調査の分析です。このようにデータを「定性的」に扱うことから「定性調査」と呼ばれます（定性調査は「質的調査」といわれる場合があり、そのときは定量調査を「量的調査」といいます）。

例えば、こしあんが好きという人に「どういうところが好きか、つぶあんの不満点は何か」などとインタビューすることで、こしあんは口に入れたときの歯ざわり、食感、のどごしがスッキリしていることが評価されている、などとこしあん派が〇％いたという数値により深い「意味」を与えることができます。

定量調査は一定程度以上のサンプルサイズ（回答者数）[6]が必要ですが、定性調査のサンプルサイズは少なく、たった1人でも成立します。定性調査のデータはインタビューだけでなく、「観察」することでも収集できます（図表1-1）。

図表1-1　定性調査と定量調査

	サンプルサイズ	データ収集方法	集計方法	分析方法
定性調査	小さい n=1でも可能	インタビュー （行動）観察	発言録 録音・録画	文脈分析 意味・解釈
定量調査	大きい 数百〜数千	インターネット 調査画面	記述統計 合計・平均・比率	クロス集計 各種分析方法

---

[6] サンプルサイズは大きいほど精度はよくなるが限度がある。ネットリサーチの普及で大サンプルの調査がしやすくなった（194ページ参照）。

3 >> 定性調査の2つの機能

定性調査の機能は大きく2つに分けることができます。

- 市場の「仕組み」やその「仕組みができた理由」が、消費者視点から分析できる
- 定量調査の結果の理由・背景がわかる。あるいは定性調査の質問文作成、回答選択肢の候補を選ぶことができる

◆ 消費者視点がわかる

かつては根本的にモノが不足していたので、「生産すれば売れる」時代でした。この時代は生産力の増強が主な課題でしたが、生産力が高まってくるとモノが余るようになり、消費されないモノを大量に作ってしまうことがリスクになってきました。

このリスク回避のために「消費(者)視点で市場の仕組み」を見るマーケティングが必要になったのです。特に仕組みができた理由、つまり、「なぜそれを買うのか(または買わないのか)」「それが気に入っている点は何か」「なぜそれを買い続けるのか」、あるいは「他のブランドにスイッチしてしまう理由は何か」などを把握することが重要になってきました。

「買う・買わない理由」「買い続ける・他を買う理由」「気に入った・気に入らない理由」など消費者の〝心理〟を明らかにするには定量調査よりも〝生の声〟が収集できる定性調査が適しているため、消費行動などの実態把握として広く定性調査が行われているのです(なお、「消費者」という言葉のかわりに、より幅広い概念である「生活者」という言葉を使うこともあります)。

◆ 定量調査を補完する

　2つめの機能は、定量調査と相互補完関係にあることです。これは定量調査結果の数値の意味や背景を定性調査で探ることでより深い調査結果を導き出すことができるということです。

　先に例にあげたこしあん派が○%いたという定量調査の後に定性調査を行うことで、こしあんが選ばれる理由やこしあんが好かれるポイントを明らかにすることができます。

　この例は定量調査の結果が先にあってその理由を深く分析するということですが、その逆に、定性調査を先に行い、定量調査の質問文の表現や、回答選択肢の候補を定性調査の結果から得るという方法もあります。

　その場合、定量調査の質問文の表現や回答選択肢を対象者が答えやすいものにして、正しく市場を把握できるように定性調査を先に実施します。このプロセスを経ないで定量調査の質問文を作ると、質問の意味が正しく伝わらなかったり、提示する選択肢で重要な項目が抜けたり、選ばれることのない選択肢が増えたりして定量調査の結果を歪める危険が大きくなります。

　このように定性調査は、それ単独で市場や消費者の分析ができるだけでなく、定量調査の設計を助けたり、分析結果を深いものにする重要な機能を持っているのです。

4 » 2つの質問形式

◆ アスキングとリスニング

　マーケティングリサーチの現場では、「質問に対する回答」が連続し

ています。定量調査でいうと質問文が次々に画面に表れて、提示された選択肢の中から回答として当てはまる項目にチェックを入れたり、文章を書き込んだりという作業が30問とか50問とか続きます。

　定性調査の場合も、「インタビューフロー」（75ページ参照）という質問の台本に沿って次々にテーマを提示し、それに対して対象者が発言し、同意したり、反論したりということの繰り返しで進行していきます

　このように、質問をして対象者から回答を引き出す形式を「**アスキング**」といい、マーケティングリサーチの基本形式です。

　一方、アスキングに対して「**リスニング**」という形式があります。これは質問、問いかけを極力しないで対象者の発言をひたすら聞く方法をいいます。

　これを徹底させたものが「**エスノグラフィックインタビュー**」（40ページ参照）の中心的な手法である「**参与観察**」です。参与観察は調査対象の社会の一員となって一緒に生活し、その中で対象の行動を観察したり、インタビューでデータを取る方法です。

　参与観察と違って調査対象を客観的に観察する調査方法に「**行動観察**」があります。これは問いかけをせずに、調査対象の行動をじっくり観察し、その観察記録を定性的に分析する調査手法です。リスニング（といっても「観る」ですが）を徹底した調査手法といえます。

　なお、マーケティングリサーチでの行動観察の実務では、行動観察した後に、その調査対象にインタビューして行動の理由を聞く方法も多く採用されています。

　このように、ほとんどのマーケティングリサーチは、アスキングとリスニングを組み合わせて行います。そして、一般的に定量調査はアスキング形式に偏り、定性調査はリスニング寄りといえます[7]。

◆ アスキングとリスニングの実施ポイント

　アスキングは事前に構成された質問文をもとに行います。質問文の作

---

[7] 定性調査も定量調査もそれぞれ、リスニング要素、アスキング要素の両方を持っている。定性調査のほうが、リスニング要素が強いという意味。

成には仮説が必要です。仮説構築のためには、市場の規定やマーケティング課題をきちんと記述するというように、アスキングは事前に構成しておくことが大切です。

それに対してリスニングは、事前にガチガチに構成せずに少しゆるめが効果的です。市場の規定は広くゆるいほうが柔軟的にとらえられ、強固な仮説よりも漠然とした予測のほうが解釈の幅が広がり、質問する場合もイエス／ノーを迫るのではなく、対象者の自由な発言を促すほうが、深層心理に迫るようなよい結果が得られます（図表1-2）。

図表1-2　アスキングとリスニング

	仮説構築の程度	質問形式	回答選択肢	調査者の態度
アスキング	きっちり構築	構成された質問文	必須	積極的に介入
リスニング	ゆるやか	しない テーマ提示のみ	なし	聞き役に徹する

5 » 代表的な定性調査の手法

◆ インタビュー調査

定性調査では、いくつかの調査手法がありますが（図表1-3）、その中でも多く実施されているのが、「**インタビュー調査**」（36ページ参照）です。

インタビュー調査もいくつかに分類されますが、そのひとつに「**ヒアリング**」と呼ばれる調査があります。これは、調査テーマのジャンルの有識者や企業の担当者に「ご意見を伺う」ものです。当該ジャンルの将来予測や当該企業の意思決定システムなどを聞き出します。マーケティングリサーチよりもマスコミの取材に近いかもしれません。こういった

図表 1-3　いろいろな定性調査

	データ収集方法	対象	主な手法・目的
定性調査	ヒアリング	専門家 有識者 企業人	取材
			デルファイ法
	インタビュー		専門家インタビュー
		消費者	各種消費者インタビュー法
	(行動)観察	従業員	工場などレイアウト調査
		消費者	ユーザビリティ調査、他
	生理計測	視線 脳波	アイトラッキング ニューロマーケティング

調査を「**B2B[8]の調査**」ともいいます。

ヒアリングと定量調査を組み合わせた「**デルファイ法[9]**」という将来予測を目的とした調査手法もあります。その手順は、専門家や有識者を対象に数回のヒアリングを行います。1回目のヒアリングの結果を集計し、それをヒアリング対象者にフィードバックして、2回目のヒアリングをします。このときに対象者が集計結果を見て自分の意見を修正します。それを集計して、またフィードバックという作業を繰り返して一定の結論に収斂させます。

インタビュー調査の対象はほとんどが消費者です。B2Bと区別して「B2C[10]」という場合があります。消費者対象のインタビュー調査は対象者の人数によって分けられます（37ページ参照）。

◆ 行動観察

インタビューによらない定性調査に「**観察調査**」があります。先述し

---

[8] ビジネストゥビジネスのこと。製品・サービスのユーザーが消費者ではなく、企業・事業者・公共団体などの場合の取引をさす。
[9] アメリカのランド社が開発した方法で、「デルフォイの神託」にちなんで名づけられた。新しい市場の需要予測、新技術の浸透度予測に使われる。
[10] ビジネストゥコンシューマーのこと。製品・サービスのユーザーが消費者である取引、市場。

た「行動観察」が代表的です。

行動観察は、ある製品のパッケージを開け閉めする作業の行動を観察してフタの改良点を明らかにしたり、洗濯行動の観察から洗濯機の新製品コンセプトを開発したり、洗濯物を干して取り込む行動から住宅の間取りを開発したりするのに使われます。

前者のパッケージを開ける、締める、についての行動観察ならば特定の会場に来てもらって観察できますが、後者の洗濯行動の行動観察は、生活の現場である対象者の自宅で行うことになります。

マーケティングリサーチでは、調査対象者宅に伺って、観察とインタビューの両方のデータを得る方法を「ホームビジット」といいます（45ページ参照）。ホームビジットは製品の使用場面の観察から改良や新製品のヒントを得るためによく行われています。

行動観察調査には定型はなく、その都度、目的を考えながら実施方法を検討することになります。そして、行動観察とインタビューを組み合わせて実施することが多くなっています。

◆ 生理計測機器を使用する調査

生理計測機器を使ってヒトの感覚器のデータを取ることもあります。マーケティングリサーチで使われる生理計測データにアイトラッキング（視線）と脳波があります。

アイトラッキングはよく実施されているため、さまざまな成果が積み上がっていますが、脳波のマーケティングリサーチへの活用は研究段階という状況です。

Column 1
マーケター気質 VS リサーチャー気質

　マーケティングを担当している人とリサーチを担当している人では気質が大きく異なるようです。マーケターは、楽天的で大らかで自信家が多いのに、リサーチャーは悲観的で小心者で不安感が強い人が多いというのが長年、両者を観察してきた筆者の印象です。楽天家がマーケティングを担当したがるのか、悲観主義者がリサーチを担当したがるのか。あるいはマーケティングを担当していると楽天家になり、リサーチを担当していると悲観的になるのか。はっきりしませんが、どうも業務内容がこの性格・性向の差を作っているようです。

　マーケターが楽天家になる、楽天家でないとマーケターは務まらない理由の一番はマーケティングが未来志向だということです。来月の売上・利益、来期の新製品をどうしようと毎日、未来のことを考えています。一方のリサーチャーは過去志向です。分析に使えるデータは現在か過去のものだけです。未来からデータは飛んできません。

　マーケターは未来志向であるがゆえに細部より全体をイメージします。リサーチャーは分析が主務なので細部にこだわります。

　マーケターは自分の思い入れを大切にしてそれの実現のために柔軟に行動します。新製品を発売するために製造部からここの部品の品質を下げたいと要望があれば検討してそれに従います（発売することを優先）。リサーチャーは思い入れなく客観的にデータを観ることが要求され、妥協はしません。このデータは有意性はないが、都合がよい結果なので使ってしまおうという提案には断固反対します。

　このように見ていくとマーケターが楽天主義者、リサーチャーは悲観主義者になるのは必然のようです。鶏が先か卵が先かはともかく、ある環境で過ごすとそれを反映した性格になるようです。

第2章
インタビュー調査の種類と方法

- 定量調査の理論的背景には統計学があります。一方、定性調査には理論的背景はなく体系化されていないのが実状です。強いていえば、心理学やカウンセリング理論がバックボーンになっています。また、文化人類学や社会学の手法も取り入れており、さまざまな知見を柔軟に取り入れてきたといえます。
- そこでこの章では、できる限り定性調査を体系的に解説していきます。代表的な手法、幅広く応用できる手法を学びます。

1 » 代表的なインタビュー調査

　大規模な訪問面接調査はほとんど実施されなくなり、定性調査のFGI（フォーカスグループインタビュー）が見直されてきています。FGIは7人前後の小集団で行われるインタビュー調査です。FGIが見直されている理由は、リサーチ予算の管理が厳しくなったこと、リサーチ日程の短縮が求められてきたこと、実態を捉えるだけでなく消費者心理を深く理解する必要が出てきたことの3つが考えられます。

　予算面では訪問面接を1000サンプル実施しようとすると2000万円以上かかってしまいます。一方のFGIであれば、4グループで200万円程度でリサーチ結果が出てきます。日程では、訪問面接調査は結果がわかるまで1か月以上は必要なのに対して、FGIは2週間程度で結論が出ます。

　このようにFGIは機動性に優れていますが、消費者理解の深さでも優位性があります。定量調査では調査票にある質問項目以外のリサーチはできません。しかし、FGIでは司会進行役である**モデレーター**[1]がインタビュー中に新しい仮説に基づいた質問をすることができます。このように軌道修正を図りながらリサーチできるので、深い消費者理解が得

1　単に司会をするだけでなく、出席者の発言や意見の関係を調整しながら議論の方向を誘導する役割がある（121ページ参照）。

られます。

　現在行われている定性調査の多くはインタビュー調査です。それ以外では主なものに行動観察がありますが、行動観察もインタビューと組み合わせることでより効果的になります。インタビュー調査はFGIのほかに、**1on1**（ワンオンワン）がよく活用されています。

◆ 1on1（ワンオンワン）

　1on1は対象者1人とモデレーター1人が1対1で会話する方法です。1人の対象者の行動、行動の心理的背景、意識を深く詳しく聞き出すことができます。1on1では記録者を同席させるかどうか事前によく検討します。記録者が同席すると対象者から見て、1対2になってしまい、圧迫感が出てくるからです。

　1人の対象者を深くインタビューすることで1人の個性を越えて、市場全体を洞察できると考えて1on1インタビューを実施します。1on1は、人はなぜ化粧をするか、スポーツカーを選ぶインサイト（消費者のホンネ）は何か、といった「大きなテーマ[2]」に有効な方法です。普段はあまり意識しないその対象者の価値観に迫れます。従って、意識下にあることを引き出す面接の基本技術が求められます。

◆ FGI（フォーカスグループインタビュー）

　FGI（図表2-1）は3人以上8人程度までの同質の対象者、例えば○○ビールを毎日飲む人に集まってもらって、ビールについて話し合いをしてもらうといった方法です。

　FGIのメリットは、出席した対象者同士が影響し合い、ダイナミックに議論が動く「**グループダイナミックス[3]**」が期待できることです。1on1とは違って、集団で話すことで1人のときとは違う意識が生まれ、それがお互いに刺激しあってグループがひとつの仮想的市場（ミニマー

---

[2]　自社にとって全く新しい分野に進出するときや、その分野の本質的な価値は何かを知りたい、など経営や事業運営にかかわるテーマや物事の本質を探るテーマのこと。
[3]　集団力学のこと。FGIの参加者同士が他の人の発言によって自分の考えが発展し、自分の発言が他の参加者の考えを発展させ、グループ全体が活性化するダイナミックスのことをいう。

ケット）になることを目指します。そのグループに入り込んで、対象者を観察分析するのが FGI のモデレーターです。

　そして FGI は、プライベートとは関係のない「小さな（具体的な）テーマ[4]」に向いています。「今回の CM の効果はどうであったか？」「この

図表 2-1　FGI の基本特性

FGI の 3 つの特徴

①低予算でできる
②結果が出るのが早い
③消費者心理を深く分析できる

予算の比較（例）

FGI	訪問面接調査
200 万円	2000 万円
（4 グループ）	（1000 サンプル）

FGI の日程（例）

リサーチ企画	1 日	大まかな仮説と実施要領
対象者リクルーティング	7 日	条件が厳しい場合は 2 週間程度
実査（インタビュー）	2 日	2 日間で 2〜6 グループ実施可能
分析	3 日	集計を待たずに分析作業ができる
報告（プレゼン）	1 日	報告書の完成版は少し遅れる

全体を最短 2 週間（14 日間）で実施可能

FGI の仮説検証

事前仮説　インタビュー　スクラップ＆ビルドした新しい仮説でインタビュー　→　新しい仮説の作成と検証ができる

---

[4] 「人はなぜ化粧するか」が大きなテーマであるのに対し、「この口紅を買ってみたいか」は小さなテーマ。重要度が小さいという意味ではなく、個別具体的なテーマのこと。

ブランドが選ばれる(売れている)理由は何か?」など、マーケティングの具体的なテーマの解明に適した手法です。

◆ その他の主な手法

● ペアインタビュー

ペアである対象者2人のインタビュー、つまり**ペアインタビュー**は、夫婦とか恋人同士とかの強い関係性を持った2人を対象にします[5](図表2-2)。ペアのそれぞれを別々にインタビューした後に2人一緒にインタビューするなどの工夫をします。

夫婦で消費される商品、恋人同士がよく使うサービス商品などで使われます。ペアで消費する商品が比較的限定されることから、実施の頻度は高くありません。

図表 2-2　主なインタビュー調査

	得られる結果	テーマ	方法	実施ポイント
1on1インタビュー	消費者の深層心理を明らかにする	「大きなテーマ」 ↓ 人は「なぜ」車に乗るのか?	対象者と1対1で面接	意識下にあることを引き出すための面接技術
FGI	集団としての消費者(市場)の心理過程を明らかにする	「小さなテーマ」 ↓ このTVCMはどんな態度変容をもたらすのか	3人以上の対象者とモデレータ1人の集団面接	グループダイナミックスから「ミニ市場」を創出する
ペアインタビュー	「対関係」の中にある消費心理を明らかにする	「2人の関係」と商品評価	対象者と1対1 and ペアで面接	2人の関係性に注目する
ファミリーへのインタビュー	「家族関係」と消費心理の関係性を明らかにする	「家族の関係」と商品評価	対象者と1対1やペア、全員で面接	関係性のネットワークに注目する

5　夫婦、恋人以外では、上司と部下、母と娘などのパターンもある。

● ファミリーへのインタビュー

　家族を対象にするインタビューがあります。これもファミリーで消費する商品が限定されるため、実施頻度は低い方法です。家族の関係性の中で消費される住宅、インテリア、自家用車などの商品ジャンルで使われます。

2 » 観察調査

◆ 参与観察

　消費者の生活実態を調査する手法に「エスノグラフィックインタビュー」があります。これは、人類学者が原住民と生活を共にして、その生活態様や文化様式などを調査する「記述人類学(エスノグラフィー)」に由来しています。そのエスノグラフィックリサーチの代表的な手法に**参与観察**があります。「参与」とは、対象者の中に「入り込む、参加する」ということです。

　一般的には、科学的観察は観察主体(観察者)と観察対象(事象)を完全に分離して、観察者は観察対象を客観的に観察・記述します。こうすることで観察者の主観が対象に影響することを極力排除できます。それに対して参与観察は文字通り観察対象の中に参加し、入り込みつつ観察、記述を行う手法です。

　文化人類学は異文化の社会を観察・研究します。そのときに科学的観察だけでは文化の理解が進まないことに気づき、観察対象の文化の中に入り込む、その社会のメンバーのひとりとして参加させてもらうことから、つまり生活をともにしながらの研究でした。

　参与観察はこれと同様に、生活者の生活の中に入り込み、生活者視点を共有しながら、実態を観察していきます。(図表2-3)。

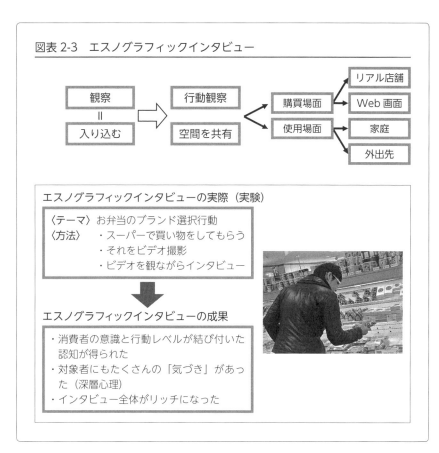

　FGIでは、特定の場所、時間に集まってもらって話をしてもらうので、対象者の発言内容がどのような状況を説明しているのかが実感的にはわかりません。例えば、「高級車の構成要素は何か」のテーマでグループインタビューをしたとします。そのとき、「運転席に座ったときの高揚感と充実感が他のクルマとは違う」という発言があっても、モデレーターは実感的に理解できません。

　そこで、対象者のクルマに一緒に乗り込んで、助手席から観察とインタビューを行います。これを1日だけでなく、週末を含めた1週間実施

すれば高級車が何であるかが実感的、共感的に分析できます。

この手法は、必然的に1on1が基本になります。実際のインタビューでは、モデレーターと対象者の「相性」が重要になるので、調査対象者を集める**リクルーティング**（84ページ参照）にモデレーター自身が関わることが多くなります。インタビューではまず、対象者へ共感的態度を示して「わかってくれる人」「話しやすい人」と思われることが第一歩です。対象者の共感を得つつ、行動や態度を冷静に観察・分析して質問し、新たな発見があるようなインタビューを行う必要があります。

参与観察の「参与」はモデレーションテクニックの重要なポイントです（124ページ参照）。対象者を冷たく観察分析するだけの態度では、対象者から共感的で自由な会話を得られません。モデレーター自らが対象者に共感し、一緒に考えようとする態度がインタビューを成功させます。

◆ 行動観察

参与観察は、時間と労力を要する方法のため、そのデメリットを補うための手法として、「観察」だけに特化した**行動観察**があります。これは、対象の行動を観察することで何らかの知見を得る手法です。

リサーチは伝統的にインタビュー（アスキング）が主流ですが、行動観察ではアスキングは対象へのバイアスとなると考え、何も尋ねずに対象の行動を観察し記述します。これを分析することで無意識にとる行動の理由を解明しようとします。ただ、このやり方も時間がかかる上、分析結果が不明瞭な場合も生じるため、**行動観察のあとにアスキングすることもあります。**

行動観察で注意すべき点は目的をしっかり定めることです。

そのうえで、観察する人間を複数にすることが重要です。精度を求めるなら4人以上が必要です。ただし、あまり多いと観察の場所を確保できなくなることに注意が必要です。観察中はただ漠然と見ていても発見はありませんので、必ず観察シートを作って観察者全員の視点を揃えま

す（エスノグラフィーではあまり仮説を持たずに観察します）。

行動観察のコツは、以下の3点です。

①対象の行動を細かく観察し、行動を分解してみる
（例：右手で取り出した　→　左手で袋を押さえ、右手の人差し指、中指と親指を使って、袋の口を開きながら中に入れ、2個つまんで取り出した、など）

②分解したそれぞれの行動の意味・理由を考える
（例：この人は右手が利き手、指だけを入れたのは手が汚れることを嫌がった、あるいは袋の口を全開にしたくなかった、など）

③対象に聞きたい（質問したい）項目を出す
（例：右利きか、袋の口を全部開かなかった理由、手が汚れると思ったか、など）

特にそれぞれの行動の意味は、年齢・性別などの「属性的背景」や「マーケティング的背景」[6]だけでなく、「肉体的・心理的背景」[7]まで考慮すると新しい発見があります。

ここでは、電気ポットの出湯口の改善点を探すための調査実例を紹介しましょう（図表2-4）。目的は、電気ポットのリニューアルにあたって、出湯口の操作法改善の方向性を実際の使用者の行動観察から探る、というものです。ユーザー10人に会場に来てもらい、ポットからお湯を注いでコーヒーを淹れる行動を観察して設計変更点を明らかにしました。

ある観察者の観察シートによると、「利き手の人差し指でロック解除ボタンを押し、人差し指はそのままにして中指で奥にある出湯ボタンを押した」とあります。この観察から、

- ロック解除ボタンを1度押すと解除状態が続くことがわからない
- 最初に出湯口に近いボタンを押して次に出湯口から遠いボタンを押すのは行動の流れとして不自然なのでは

6　そのときに当該商品のキャンペーンをやっているか、など。
7　利き手、体力の有無、性格など。

図表2-4　行動観察の例

目的：電気ポットの出湯口の操作法を改善する
方法：ユーザーがコーヒーを淹れる一連の行動を観察する

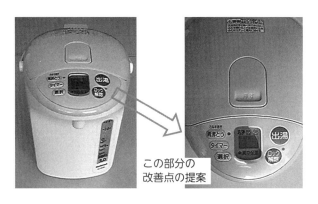

この部分の改善点の提案

行動 No.	観察事実 (行動は細かく分解)	その行動の理由仮説	アスキング項目候補
1	ドリップコーヒーをカップにセットして出湯口の下に置いた	出湯口を確認しながら、ゆっくりした動作	どこからお湯が出るか不安はあったか？
2	左手でカップを押さえ、右手で操作を始めた	ドリップコーヒーがカップからズレる不安があったのでは	左手でカップを押さえた理由は？
3	右手の人指し指で「ロック解除」ボタンを押した	とりあえず、人指し指を使った	右利きか？　ロック解除→出湯の順番はすぐわかったか？
4	人指し指で「ロック解除」ボタンを押したまま、中指で「出湯」ボタンを押した	ロック解除を離すとロック状態に戻ってしまうと思ったのでは	ロック解除がロックできるのはわかったか？　人指し指を押したままで出湯を押すのはやりづらかったか？

と結論づけ、現在の出湯ボタンとロック解除ボタンの位置を入れ替える設計変更を提案しました。つまり、「ロック解除ボタンを奥に配置し、出湯ボタンを手前に配置する」との提案です。

この後、観察者で議論したところ、コンプライアンス部門から参加した社員が、「現状の使いづらいボタン配置を使いやすい配置にすると便利過ぎてやけどなどの事故を誘発するのでは」との意見があり、設計部門もわざと使いづらい配置にしていたということで、この提案は却下されました。

このように、行動観察からの提案がそのまま採用されるわけではありません。

◆ ホームビジット

通常、インタビュー調査は調査のための用意されたインタビュー会場で行われます。そのため、現場から離れたところでの対象者の発言は、事実をどこまで語っているのかがわからないとの疑問が出てきます[8]。対象者にとってもインタビュー会場はアウェイなので、気軽に発言できるようになるまでには時間がかかると考えられます。そうしたとき、対象者が生活する現場でインタビューする「ホームビジット」が有効です。家庭を訪問することで、例えば掃除機はどのような使われ方をしているか、部屋のどういった箇所が掃除しづらいと感じられるのかなど、生活者の日常を観察しながらインタビューできます。

ホームビジットの利点は、「生活場面の観察と生活場面でのインタビューができる」ことです。

インタビュー項目は事前にインタビューフロー（75ページ参照）を作って十分検討しますが、観察項目は事前検討せず現場での出たとこ勝負になりがちです。しかし、観察項目も事前に十分検討しておかないと家庭を訪問した瞬間取り乱すことがあります。家の実態はわからないので完璧にはできませんが、観察項目も事前にしっかり検討しておきます。

---

[8] 対象者のこういった特性については、対象者が持つ「3つのアポリア」を参照（118ページ）。

ホームビジットの留意点は、

- リクルーティングのときに家の中を見せてもらうとはっきりお願いする。曖昧にしておくと現場で拒否されることがある
- 訪問する人数には制限がある。大勢で押しかけられない
- 録音・録画の事前承諾をはっきりしておく

などです。

一方、ホームビジットの問題点として、

- 実査効率が悪い。現場への距離があると移動時間がかかる
- サンプルあたりの費用が高くなる[9]
- 見学できる人数が限られる
- 持ち込める調査素材が限られる
- サンプルごとの条件が違いすぎる

などがあります。

これらの不利点を解決するためにSkypeなどのテレビ電話システムを使った疑似的なホームビジットも行われます（177ページ参照）。Skypeのカメラで家の中を撮影してもらい、カメラの前で調理や掃除など実際に行動してもらい、その後にインタビューするというプロセスになります。

疑似的なホームビジットは時間と費用の合理化はできますが、実際に訪問するのと比べて臨場感（場の共有）は弱くなるのが難点です。

◆ 同行調査

同行調査とは、スーパーやドラッグストアに対象者と一緒に行って買い物をしてもらい、その後にインタビューをするという方法です。対象者が買い物、つまりブランド選択している現場を「観察できる」ことと買い物行動の直後にインタビューできることの2つが優れた点です。

---

[9] 同行者の時間当たり人件費で必ず高くなる（部長を出席させると1日拘束になる）。

具体的には、商品ジャンルだけを指定して、いつものお店に行って、いつものように買い物をしてもらいます。例えば、インスタントコーヒーがテーマなら「家のコーヒーが切れているとして、コーヒーを買ってください」と依頼します。そして、必要なら、「今、どれとどれを見て、これを選びました？」と質問します。お店を出た後で、店内の行動と普段の消費態度のインタビューをします（図表2-5）。

同行調査の注意点は、

- 同行中、対象者に指示やプレッシャーを与えないように調査者は目立たずに観察する
- 店舗の事前了解を取る
- 対象者に買物代金を立て替えることを事前に伝えない

などです。特に買物代金の立て替えが事前にわかると「それなら高い物を買おう」などと自分のサイフの買物でなくなるリスクが大きくなります。

3 » 主なインタビューテクニック

◆ 投影法

投影法は心理学をベースとしており、絵画（絵）や文章によって対象者の内面を明らかにしようとする手法です（図表2-6）。

投影法は、「人は自分の意識・認知・感情などを直接言語表現できないし、しない。ただ、絵画などビジュアル表現や仮想的な会話には自然と自分を「投影」するので、それを分析すれば深層心理がわかる」との考え方にもとづいています。マーケティングリサーチでは、対象者はブランドや製品評価に「意識的でない」「表現力はない」「正直に表現する

図表 2-5　ホームビジット・同行調査

●グループインタビュー

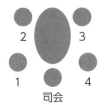

4人の対象者それぞれが自分の行動を話す。
全員が頭の中で想像しているシーンが違う

↓

うまく分析できない

↓

現場を見てみよう

買い物	使用場面
↓	↓
同行調査 店舗に同行する	ホームビジット お宅を訪問して家の中を見せてもらう

●同行調査・ホームビジットの注意点

・観察をしっかり行う→分析視点で観察する
・観察中は対象者にプレッシャーを与えない→目立たないように観察する
・観察とインタビューを関連づける→行動の意味を聞く
・事前の了解をきちんと取る→店側の了解、キッチンまで見せてもらう約束
・アイトラッキングの機械が必要なテーマか事前に検討する

観察調査の種類	目的
街頭観察	・流行の把握 　（ファッション、髪型、アクセサリー） ・風俗の把握 　（景観、建物、公共施設）
店内観察	・サービスマニュアルの検討 ・店内レイアウトの改善
個人観察	・新製品開発のヒント ・製品改良のヒント

とは限らない」という3つのアポリア（課題）を持っています（118ページ参照）。このアポリアを解消しようとするアプローチのひとつとして、投影法は位置づけられます。

具体的な方法は、インタビュー調査の企画段階で投影法を使う目的[10]、タイミングを決めて、用紙を用意します。多くは文章完成法か、イラストに吹き出しをつけておいてそこにセリフを書き込んでもらう方法（絵画統覚検査）が使われます。

図表 2-6　投影法

---

[10] 何らかの抑圧が考えられるとき（モラルに軽く反する行為の評価など）、あるいはその抑圧を潜り抜けて投影される本音を知りたいとき。

実際の進め方は、まず投影法の説明をし、「自由に想像力を使って記入してください。絵の説明だけで終わらないようにしてください」と発想豊かな記入をお願いし、時間を決めて作業してもらいます。

　記入が終わったら、用紙を回収してインタビューを行う、もしくはその場で各自の「作品」を発表・説明してもらったりします。インタビュー調査でやりやすいのは後者です。対象者が補足説明してくれるので、投影された心理の分析を助けてくれるからです。さらに、その後のインタビュー全体が活性化する効果も期待できます。

◆ コンテクスチュアルインクワイアリー法

　コンテクスチュアルインクワイアリー法とは、「**文脈的質問法**」や「**弟子と師匠モデル**」といわれるインタビュー手法です。家電や IT ツールなど製品そのものだけでなく、その使い方がマーケティングテーマになるような商品ジャンルに適した方法です。

　例えば、ヘアドライヤーの新製品を開発するにあたって、消費者は実際にどのように使っているか、使い勝手で（潜在的な）不満や不備を感じているかなど、実際にヘアドライヤーを使ってもらいながらインタビューします。

　このとき、インタビュアー（モデレーター）は対象者を師匠とみたて、弟子入りしてヘアドライヤーの使い方を教えてもらう役割を演じます。そして、師匠の行動の各場面で質問していきますが、その際に「どうしてそうするんですか？」「どんな気分・気持ちでそうしているんですか？」というように師匠にイエス・ノーでは答えられないような、考えさせる質問をします。

　そうすることで普段は無意識に行っていたヘアドライヤーを使う行為の意味、文脈が師匠（対象者）との会話の中に浮かび上がってきます。

　この文脈を分析することでドライヤー各部の意味づけ（熱風の温度は髪を押さえる手先で感じていて）やユーザビリティの問題点（温度調整

はドライヤーを持つ手の指でスイッチを見ないで調整している）の発見につなげます。ここから、ドライヤーの温度調整ツマミの形状は指の感触だけで操作できるようにしたほうがよい、といったヒントが生まれます。

弟子と師匠の関係を作るので、通常は1on1インタビューになります。あくまでも「何も知らない素人」の立場で素朴な疑問・質問を投げかけることが重要です。

この手法はインタビューの専門家であるモデレーターだけでなく、実際に設計・デザインを担当するデザイナーなど、現場の方にも参加してもらうとより有効な結果が得られます。

◆ メタファー法

メタファー法は、対象者に写真から得られるメタファー（比喩）を連鎖的に発展させてもらい、そこから新しい気づきや発見を引き出す調査手法です（図表2-7、2-8）[11]。

FGIの後、脈絡のない写真を100枚程度用意します。ブランド調査の場合、対象者にブランドAをイメージする写真と、競合ブランドBをイメージする写真をそれぞれ数枚ずつ選んでもらいます。

次に選んだ数枚の写真を並べて「あるストーリー」を作ってもらいます。それが難しければ、その写真の説明・解説をメモしてもらいます。

選んだ写真を提示しながら、ストーリーを発表してもらいます。これをA、B両ブランドやってもらいます。そして最後にストーリーとブランドとの関係性を語ってもらいます。

以上がメタファー法の手順です。メタファー法の説明を聞くと「難しそう」と感じる対象者が多くいます。そこで、モデレーターは対象者が気軽に面白がって参加できるように「難しく考えないで」「発想は自由に広げていいですよ」とアドバイスします。

この手法は、次のような心理の流れにより、対象者の潜在意識を顕在

---

11 評価がイメージ寄りのときはメタファー法が役立つが、実質寄りのときは使えない。例えば、ブランドのイメージには使えるが、ブランドの価格帯には使えない。

化していくことが期待できます。

① 写真を選ぶことで、固まっていたイメージが一度くずされて広がる
② 写真で触発されたイメージの広がりをメタファー表現する
③ メタファー表現を新しいストーリーにする
④ 新しいストーリーと既存イメージとのギャップの解釈が行われる

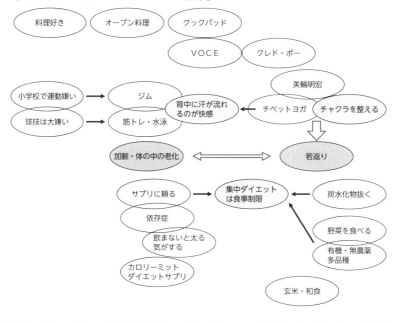

図表 2-7　メタファー法の手順

① 通常の FGI で、当該のテーマをインタビューする（コトバだけの世界）
② ①のテーマについて脈絡のない 100 枚程度の写真からイメージに合うものを数枚選ばせる
③ テーマを忘れさせて写真に集中させてストーリーを語らせる
④ テーマとストーリーのつながりを説明させる

専業主婦（44歳）の「ジム・サプリ・健康」のプロファイルマップ

こうして、対象者が持っていた潜在的な心理を明らかにします。この手法はブランドイメージにインサイトをもたらすだけでなく、対象者本人に「私ってこんなふうに考えていたんだ」というインサイトをもたらすことがあります。

図表2-8　メタファー法の様子

◆ 評価グリッド法とラダリング法

● レパートリーグリッド法からの発展

評価グリッド法は、関東学院大学の讃井純一郎先生が開発した手法で、**レパートリーグリッド法**を改良したものです（図表2-9）。

レパートリーグリッド[12]法とは、もともとはカウンセリングを目的としたもので、カウンセラーがクライエント（患者）に直接的な質問をしても正直な回答は得られないと判断したときに、患者に本人とその周囲の人との関係を語らせます。患者の母子関係に問題があるとの仮説を得たら、患者に母親と自分の関係を直接語らせるのではなく、母と父との関係、母親と他の兄弟の関係を語らせることにより、患者と母親の関係を明らかにしていくという方法です。

この方法をリサーチに導入して、対象者に商品を比較しながら語ってもらいます。単独で評価（「モナディック評価」といいます）するより、もうひとつの商品と比較しながら（「一対比較」といいます）語ったほうが、対象者も語りやすく、語る内容も豊かになります。

この評価グリッド法は分析では「ラダリング法」を採用します。ラダーとははしご段のことで、人が商品や環境を評価するとき、具体物がどのような価値につながるか、最終的にその価値はどのような情緒的価値を生むかを分析してラダー構造が完成します（図表2-10）。

---

[12] 現実を理解するときに、人はそれぞれの「認知の枠組み」（レパートリーグリッド）を持っているというパーソナルコンストラクト理論が元になっている。

図表 2-9 評価グリッド法の実践方法

〈手法の検討〉

ふさわしいテーマ	・潜在ニーズの発見と可視化： 　消費者自身が気づかないニーズを認知構造の分析によって明らかにする ・評価構造の明示化： 　なぜこれを選択するのかの認知構造が明らかになる
苦手なテーマ	・習慣化されたブランド選択が行われている製品ジャンル ・全くの新規分野→消費者の認知構造ができていない

〈評価対象刺激（エレメント）の準備検討〉

・商品のパッケージそのもの、カタログ、写真などの他、コンセプトシート、パッケージデザイン案（絵）なども使える
・全体像に対して偏りがないように選び出す。できるだけ網羅

←このジレンマをなくす方向で検討

・調査対象が評価できる数（種類）には限界がある

〈インタビューの実施〉

・プロービングが多くなるので1on1が多い
・「一対比較」「3個組法」の繰り返し→好きな順に並べて上位の組み合わせだけ実施

〈インタビューの留意点〉

・評価のポイントを確認する→好き・嫌い、よい・悪い、関心がある・ない、買いたい・買いたくない
・必ずプローブする→どこが、どこから？　それはどういう意味？　言い換えたら？
・ラダーアップ、ラダーダウンを意識したプローブ
　→アップ「それはどんな気分にさせますか」
　　ダウン「その気分はどこから来ますか」
・合理化をうながす誘導はしない→×「それは大事なことですか？」
　○「大事ですか？　そうでもないですか？」

〈分析〉

全体像の把握	・個表を重ね合わせ、テーマごとに「串刺し」にすることで全体像を明らかにしていく
ラダーの作成	・下位概念（スペック）から上位概念（情緒的・社会的価値）に向かってラダー表を作成する ・全ての要素をひとつの価値に無理やり収斂させない。ラダーはクロスさせない

● **実践方法**

　クルマのインタビューの場合、A車の評価を知りたいとき、競合するB車を用意して＜フロントの印象はB車と比較したときにA車の印象はどうですか？＞と聞きます。このとき［A車のほうがかわいい］との発言があったら、＜どの部分からかわいいという印象で出てくると思いますか？＞と質問します。「かわいい」との価値評価が具体的にどの部分から感じるかと抽象度を下げる質問なので、これを「ラダーダウン」といいます。

　さらに＜かわいいクルマに乗るとどんな気分になりそうですか？＞と質問します。これは「カワイイクルマに乗ることがどんな情緒的価値生むか」を聞いているので「ラダーアップ」の質問になります。

　このようにラダーアップ、ダウンの質問をくり返します。それをフロント、サイド、リアのデザインの各部で行い、エンジン性能や足回り性

図表 2-10　ラダリング

資生堂イメージのラダリング

資生堂と他3メーカーのメーカーイメージをメタファー法を使い、ラダリング形式で表現した。

（2006年アウラセミナーで実施）

資生堂をイメージする写真を持参したり、用意したものの中から選んでもらい、インタビューした

＊ラダー図の四角で囲まれたコトバはすべて対象者発言。囲みのない表現は分析者の分析結果

能まで行えば、A車の総合評価のラダー図が完成します。

　分析（ラダーづくり）では、同じラダーに同じ概念レベルがくるように注意しつつ、無闇にラダーを増やさないようにして、下位概念から上位概念への矢印は1本を原則とするなどに注意が必要です(図表2-10)。

　ただ、人間の価値認識はいつもラダー状に繋がっているとは限りません。ですから、評価グリッドとラダリングは、必ずしもセットで使わなければならないというものでもありません。評価グリッド法の考え方は通常のインタビューの現場でも、対象者は具体的なものを「比較」させたほうが発話しやすいことから活用されています。

　評価グリッド法は評価すべきスペックが少ない商品（安価な日用品など）や、全くの新規分野については、あまり適しているとはいえません。

4 » インタビュー法の発展形

　定性調査の技術革新は簡単には起きません。そうした中でも消費と消費者の真実に迫るために新たな工夫が試みられています。

　以下では筆者が実務の上で開発して活用している新しい定性調査を紹介します。まだ、試験的に行われているものもあります。すべてが定着した手法ではないことに注意してください。

◆ クイックインタビュー

　クイックインタビューは、定性調査と定量調査の利点を合わせた調査手法です。定性調査は市場の仕組みや消費者心理を深く構造的に分析できる利点がありますが、効率的に大サンプルを取ることはできません。定量調査は安い費用で大サンプルを取れますが、市場や消費者に関して深い分析をするのは難しいという特性があります。

　この2つの調査方法の利点だけを取ろうとして企画されたのがクイッ

クインタビューです[13]。時間のかかる**ラポール形成**（調査者と対象者の信頼関係づくり）をほぼなくしてすばやくインタビューに入り、イエス・ノーで答えられる質問中心で設計されたインタビューフロー（75ページ参照）の中に深掘りするための項目を入れ込むようにします。

クイックインタビューは、

- 構造化されたインタビューフロー[14]を作る
- イエス・ノーの質問の中に、理由や背景を深掘りしたい質問を入れる
- 一定程度（定量的判断ができる）のサンプルサイズを集める
- 機密事項がいくつかある

などの条件がある時に実施されます。実施要領としては、

- リクルーティング段階でテーマをはっきり提示する（回答準備をしてもらう）
- インタビュー時間を短くするため、ラポール形成はしない
- インタビューとインタビューの間の休憩は短いか、無し
- 複数モデレーターで同時進行も可能（短期間に大サンプル）

などがあります。

それならば定量調査を実施すればよいと考えるかもしれませんが、定量調査は現在主にネットリサーチなので、調査者側の機密保持ができません。対象者側は匿名性が保証されているので、競合メーカーの開発担当がモニターになっていることも考えなくてはいけません。そんなモニターに新製品のデザイン案を提示してしまうのは非常に危険です。

ですから、クイックインタビューのリクルーティングは調査者の知人などをサンプルにする**機縁法**（84ページ参照）が採用されます。機縁法は「なりすまし」を防ぐことができる方法です。

---

[13] 費用面でも、グループ単価は安くなる。
[14] 誰がインタビューしても定型的なインタビューができるように作られたインタビューフロー。

◆ リエゾンインタビュー

　リエゾンインタビューは、同じブランドを支持しているなど共通意識（リエゾン）を持つ対象者同士が発展的に話を展開する中で、思いがけない発見などを探るための調査手法です。対象者の「自由な発想・発言の相乗効果」を得る目的で開発した手法です。この目的のために、

- 調査者（モデレーター）対被調査者（対象者）の関係を崩す
- 対象者の間の余計な力関係を崩す

ことをねらっています。

　モデレーターと対象者がインタビュールームで話すとき、対象者は、モデレーターは自分よりも上位のポジションにいると思うのが自然です。モデレーターが「私はメーカーの人間ではない」「私は素人なので、今日はいろいろ教えてもらいたい」とへりくだっても一般消費者から見れば、「そんなこといっても私よりも知識が豊富なはず」と思うのが自然です。この思いがあると「へんなこと言わないようにしよう」という自制が働きます（医師などの専門家対象のインタビューの場合は、対象者のほうがモデレーターより、その分野の知識が豊富であると思っているのが自然です）。

　対象者が3人以上になるFGIでは2対1の力関係ができてしまったり、リーダー的立場を取ろうとすると人が現れて、テーマとは関係ない対象者同士の力関係に関心が行って、雰囲気が悪くなることがあります。

　この2つの問題を解決し、対象者から豊かで有効な情報を得ようとするのがリエゾンインタビューです。

　リエゾンインタビューでは同時に2人の対象者をリクルーティングします。例えば、「20代の未婚女性で○○を1回／週以上買っている人」を2人同時にリクルーティングしてインタビューします（形式的にはペアインタビューです）。そして、「2人で○○についていろいろ語ってく

ださい」「私（モデレーター）は聞いているだけです」と宣言してインタビューを開始します。このときの2人の状態は、

- ○○のヘビーユーザーの共通点がある
- 一般の消費者である（専門家ではない）
- 初対面だけど、2人だけで話さなくてはいけない

というものです。

○○を自分と同じようによく買っている人だから、○○の話はしやすい。自分と同じように、専門家や関係者ではないので遠慮や気遣いはいらない。2人だけだから、頑張って話さないといけない、という状況にあるので、当初は多少ギクシャクしますが、しばらくすると2人で自由に話すようになります。モデレーターはリスニング重視で、時々、質問（アスキング）というよりテーマを提示するという要領で進行します。

リエゾンインタビューは「質問に対する回答」ではなく「自由な会話」の中から消費者の行動の背景にある「理由の構造」や「深い心理」、つまり対象者が潜在的に有する隠れた心理である「インサイト」（155ページ参照）を発見できる手法です。

リエゾンインタビューの留意点は、

- 消費者同士2人で話してもらうことはリクルーティングのときに伝える（このときにはテーマは教えない）
- インタビュー開始のとき「○○製品のユーザー2人に来てもらったのでお2人で○○について話してください」と宣言する
- 自己紹介はしない
- 2人で会話できるようモデレーターはサポート役
- 2人の会話を聞きながら分析、時々進行を促す
  （2人の会話が盛り上がるように心がける）
- 2人に個別に作業させ、お互いにプレゼン（発表）しあう

- 2人の会話が進まないときは1on1インタビューを2回実施する方向に転換する

などです。リエゾンとは母音が連続することで無音だった子音が発音されるフランス語などの語法のことで、購入者（母音）が連続することで隠れていた子音（インサイト）が現れることをアナロジーとしています。

◆ DaybyDay インタビュー

　夫婦喧嘩、飲み屋での議論、上司の説教、など白熱した会話のやり取りの後、「ああ言えばよかった」「こう切り返すべきだった」と後悔・反省して眠れない夜を過ごしたことはありませんか。

　さらに、「そうか！　相手は実はこのことを言いたかったのかもしれない」「自分は案外そのように考えているのかもしれない」と自分の認知そのものが変容したこともあるはずです。

　こういった「反省」や「認知の変容」が通常の1on1インタビューでも起こっています。この認知の変容を把握するのがDaybyDayインタビューです（図表2-11）[15]。

　具体的には、同一対象者に、同一モデレーターが、同一テーマで、2日間連続で1on1インタビューを行います。

　1on1インタビューではモデレーターと対象者の関係が緊張関係にあります。対象者は、モデレーターの問いかけに早く回答しないといけないと思い、ウソではないが「適当な？」回答をしてしまうことがあります。そうかといって前言訂正するのは大きなストレスになるのでそのまま流してしまいます。インタビューが終わり、対象者は家に帰る途中、あるいは帰ってからインタビュー内容を反芻するはずです。そこでは

- インタビューで答えた事実の確認（できる範囲で）
- インタビューの現場を離れて、自分の反応を客観的に見直す

---

[15] 商品やコンセプトの理解に時間がかかりそうだったり、難しそうなときDaybyDayインタビューが選ばれる。

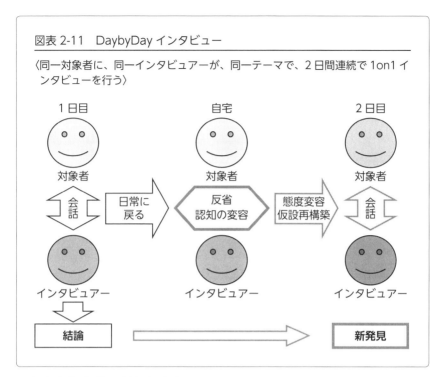

図表 2-11 DaybyDay インタビュー

〈同一対象者に、同一インタビュアーが、同一テーマで、2日間連続で 1on1 インタビューを行う〉

などが無意識に行われます。

この反芻は対象者だけでなくモデレーターにもあります。

- 共感性を持って対象者を理解できたか
- 事前の仮説の「スクラップ&ビルド」ができたか
- 対象者のコトバの意味や背景を考える余裕があったか

などが反芻のポイントになります。

このようにお互いが自然に行った反省、反芻の結果をインタビューに生かしたいと考えたのが DaybyDay インタビューです。そこで、翌日か翌々日に同じ対象者に 1on1 インタビューを行います。そうすることで、より深いインサイトが対象者、モデレーター双方にもたらされます。

DaybyDay インタビューの留意点は、

- リクルーティング段階で2日連続であることを伝える
- 2回目で同一質問をする　→　前日の回答は記憶しておく
- 再構築した仮説に基づいた再質問をする
- より突っ込んだ質問（会うのが2回目なので、パーソナルな質問も可能な関係性ができる）をする

などです。分析は、1回目と2回目での態度変容に留意して行います。この態度変容が180度ひっくり返ることがあれば、その理由を追求することで新たなインサイトが得られます。

5 » その他のインタビュー法

◆ ワークショップ

ワークショップは、研修やセミナーのやり方のひとつで、

- 作業・課題を決めて
- 参加者同士、お互いに知識を出し合い、具体的な作業をする

これにより、課題への理解を深めたり、参加者の意思統一（共通認識）を得る目的で実施されます。
FGIとワークショップは、

- それほど関係性の強くない少人数の集団を「強制的」に作る
- 集団内は平等に扱われ、全員参加が前提
- リーダー（モデレーター、ファシリテーター）は調整役

などの共通点があります。
FGIは分析・報告書を最終アウトプットとするリサーチの手法ですが、

ワークショップの多くは報告書よりも参加者の「体験」そのものを重視します[16]。ワークの結果、新しい企画が生まれることはありますが、多くは「副産物」です。

アプローチの方向性は違うものの、FGIもワークショップも参加者同士が刺激し合うことで議論が活性化するグループダイナミックスが働いて「思わぬ発見」があるところが似ています。

ところで、FGIへの不満の中に、「思わぬ発見」がないまま終わってしまうというものがあります。マーケティングリサーチである限り、わかっていたこと（仮説）が消費者の「生の声」で確認（検証）できる機能はそれだけでも重要です。

ですが、やはり「思わぬ発見」「インサイト」を期待されるのがFGIです。インサイトのないFGIの原因として、

- 質問対回答形式（アスキング）にこだわり過ぎたインタビュー
- 会話が脱線しそうになるとすぐに軌道修正するモデレーション

の2つが大きいと考えられます。

自由な会話、自由な発想を縛っていては「新しい発見」は生まれません。そこで対象者には自分の「知っていること、考えていること」を総動員して発言してもらい、集団で作業をしてもらいます。

ここで、質問を待っているだけの対象者から、テーマについて積極的に発言するアクティブな対象者への変容を促します。対象者がアクティブになることにつられてモデレーターもアクティブになり、見学している人の分析する頭もアクティブになります。これがアクティブインタビューです。

このワークショップ部分の扱い方の留意点ですが、対象者は、

- アクティブに発言していくことで興奮状態になり「暴走」することがある

---

[16] ワークショップは実施そのものが目的なので、基本的に報告書は書かない。書いても参加者、場所時間、テーマ程度。

- 一時的に調査主体側の立場に立っている

こうした状態になることもあるので、分析のときはそれらを割り引いて考えることです。

◆ ワールドカフェ

ワークショップの発展形にワールドカフェ[17]があります。

これは参加者にテーマとなる「問い」を伝えて小グループに別れ、対話を行うものですが、対象者とメーカー側の人間とが共同作業(ワークショップ)を行うことで、メーカー側の人間の認識を消費者サイドに入り込ませる効果が期待できます。

ワールドカフェも報告書がないのが普通です。

◆ コグニティブインタビュー

コグニティブインタビューと、事件や事故の際に正確な証言を引き出すためにはアメリカの警察で開発された尋問法をマーケティングリサーチに適用したインタビュー法です。コグニティブ(cognitive)とは「認知」という意味で「認知面接法」とも呼ばれています。

事件には「目撃者」がいます。目撃者の証言は捜査だけでなく、公判を維持するためにも重要で、捜査段階と公判開始後の証言内容が違っては事件の立証ができなくなります。ところが、捜査段階と公判で目撃者の証言内容が180度変わってしまうことがしばしば起こるそうです。

目撃者の事情聴取もマーケティングのインタビュー調査も対象者の「記憶」を頼りにして行われます。目撃者は事件に直接利害関係がないし、対象者もその商品に大きな利害関係がないのが一般的です。ですから、目撃者も対象者も意識的にウソをつく動機はありません。ウソではなく、途中で記憶が変化するわけです。記憶というものは、完璧ではありません[18]。

---

[17] 1995年、アニータ・ブラウン氏とデイビッド・アイザック氏によって開発されたグループディスカッションの手法。
[18] 対象者のこうした特徴は「正直なウソ」といわれる(115ページ参照)。

この記憶の変化が誰にも起こることを警察は認識しています。「面通し」といって、容疑者とそれに似た人を5、6人を並べて、目撃者に「あのとき、見たのはこの人です」と判定してもらうことを警察はよくやります。この面通しの前に目撃者が捜査員に犯人の「人相の特徴」をしゃべってしまうと面通しの成績が悪くなるそうです。これを犯罪心理学では「言語隠蔽効果」と呼んでいるそうです。言語表現したことで記憶にある犯人の人相が改変されてしまうのです。

目撃者に事実を語ってもらうために開発されたコグニティブインタビューには以下のテクニックがあります。

- 文脈再現（復元）：この人を見たではなく、その前後の出来事で「文脈」を作らせる
- 悉皆報告：関係ないことでも思い出せること（記憶にあること）は全て言ってもらう
- 出来事の逆順再生：「銃を出して撃った」→「銃で撃った」「銃をポケットから出した」
- 視点の転換：「犯人から被害者の銃は見えていたと判断できるか」

これらのテクニックを積極的にインタビュー調査で使おうとするのがコグニティブインタビューです。留意点は、

- 目的を詳しく曖昧な部分なく、はっきりと伝える（対象者に理解・納得してもらう）
- 直近の行動から思い出してもらい、時間軸を逆に思い出してもらう
- 前後の文脈を語ってもらうためモデレーターはリスニングに徹する
- 関係ないと思えることもすべて語ってもらう

などです。

コグニティブインタビューは1on1で行うのが基本です。また、カスタマージャーニー（167ページ参照）を描くときに活用されたりします。

Column 2
対象者が話しやすい雰囲気づくり

　FGIは2時間が多いですが、対象者を2時間同じ席に縛りつけておくよりも、動いてもらったほうがインタビューが活性化します。環境を変えて、体を動かしてもらうことで、自由な発想が生まれやすいからなのでしょう。
　具体的には、

- 立ち上がらないとできない作業を課す
- 席を移動させる
- インタビュールームの外に出す（店を見学）

などによって、意図的に体を動かすようにします。
　少なくともインタビュー中に1回は立ち上がってもらうのがいいでしょう（伸びをしてもらうなどよりも何らかの作業＝必然性と絡めたほうがよさそうです）。

　また、環境を変える方法のひとつにモデレーターの退席があります。
　どのように説明・説得しても対象者はモデレーターを「向こう側の人」と認識しています。その人がいなくなるので、タガが外れるほどではありませんが自由を感じます。そのときのおしゃべりにホンネが出るとの説があります（モデレーターの立場としては、あまり賛成できませんが）。
　席を外すときに「いなくなるので自由に話してください。でも、なるべく今回のテーマの話をしてね」と断りを入れます。
　席を外す理由は「謝礼をとってくる」が使いやすいですが、インタビューの最後にしか使えません。ただ、理由を言わずに「ちょっと席外します」だけでも、対象者は特に違和感を感じないようです。

第3章
定性調査の進め方

- 本章では、定性調査の中でも FGI（フォーカスグループインタビュー）と 1on1（ワンオンワン）インタビューを想定して企画から報告までの進め方を具体的に解説します。
- 調査テーマの明確化、企画書の作成、実査の準備、当日の進行、分析そして報告と、プロセス毎に重要なポイントがありますので、全体像とともにしっかり押さえる必要があります。

1 調査テーマを明確にする

◆ マーケティングテーマへの意識

あるマーケティングテーマについて、「これを解決するためにはリサーチが必要なのではないか？」と考えるのが、リサーチニーズ発生のきっかけです。

定性調査、定量調査ともに、リサーチの実施プロセスの各場面で、「このリサーチのマーケティングテーマは何なのか」を意識することが大切です。この意識がないと、リサーチすることが目的化してしまい、「リサーチは完璧だがマーケティング的にはいまいち使えない」結果に終わる危険性が大きくなります。

◆ マーケティングテーマからリサーチテーマへ

マーケティングテーマ[1]が提示されたら、それを**リサーチテーマ**[2]に転換する必要があります（図表3-1）。例えば「シニア層に向けた健康食品の開発を考えているが、シニア層の健康意識がよくわからない」というマーケティングテーマの提示があったとします。

---

1 マーケティングはリサーチよりも広い概念である。マーケティングテーマの中にはリサーチになじまない、リサーチできないテーマもたくさんある。
2 マーケティングテーマをリサーチする価値があるか、リサーチで答えが得られるかを判断するプロセスが必要である。

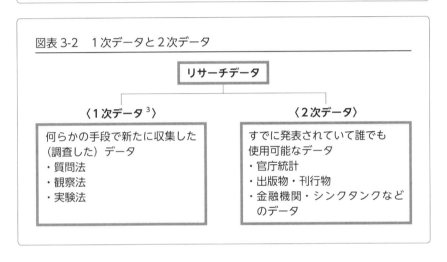

 これをリサーチテーマに読み替えるには、まず、狙っている市場を定義します。漠然とシニア層というのではなく、年齢の下限・上限、性別、ライフスタイル（アウトドア志向・インドア志向など）などで細かく規定していきます。これらの定義やその人数などは、2次データ（図表3-2）と自社のマーケティング目標を勘案して決めていきます。ここで定義されたシニア層の健康意識の解明が、リサーチテーマになります。
 さらに、開発するのは食品であるため、「食関連の健康意識」の解明がリサーチテーマになります。同じ健康意識でも運動や環境に関する意

3　リサーチの結果として得られるものが1次データということである。

識はサブテーマになります。

　以上のプロセスがマーケティングテーマのリサーチテーマ化のプロセスです。例の場合、「65歳以上79歳までの男女の日常の食生活の健康意識の解明」がリサーチテーマとなります。

◆ リサーチテーマからマーケティングテーマへ

　一方、「日常食生活でシニア層（65歳～79歳）が不足していると感じている栄養素が何かを知りたい」とマーケティング担当からテーマが降りてきたとします。この場合、このまま定性調査のデザインができるほど絞り込まれています。そこで、先程とは逆にマーケティングテーマについて検討していきます。

　不足していると思っている栄養素がわかったら何をしたいのか、既存の商品に添加するのか、新商品を開発するのか、シニア層向けの食品とは何か、サプリメントについても考えるのか、などをマーケティング部門や開発部門と検討します。こうすることで、マーケティングテーマの細部が明らかになり、調査の目的がより明確になります。

　以上のようにマーケティングテーマとリサーチテーマを常に行き来しながら考える癖をつけると無駄のない、現場で使える調査結果を得ることができます。この習慣は、リサーチのデザイン、実施、分析・報告書作成のすべてのプロセスで重要になります。

◆ 定性調査の仮説構築

　リサーチテーマが絞り込まれてきたら、仮説作りです。この仮説はリサーチの依頼者（クライアント）が作るときもありますが、リサーチテーマだけで仮説がない場合も多いものです。そこで、リサーチャーが仮説を作らなくてはなりません。では、仮説とはいったい何で、どのように作ればよいのでしょうか。

仮説は「リサーチ結果の予測」と考えてほぼ間違いありません。クライアントから「最近、シェアの低下に歯止めがかからない。原因がよくわからないので調査してほしい」という依頼があった場合、まずクライアントからシェア低下に至った経緯などを十分にヒアリングします。その上で「恐らく、自社ブランドのデザインは古くなっていて消費者に飽きられている。それがシェア低下に関係していると思う」など、いくつかの原因を考えます。これが仮説です。

　定性調査の場合、仮説があまり厳密すぎると、予想外の反応があったときの柔軟な対応が難しかったりしますので、仮説を持ちつつも、現場ではそれを柔軟に修正する姿勢も求められます。このとき、対象者の自由な発言を促す姿勢を持ちつつ、当初の仮説は何であったかを意識しておくことが大切です。

2 » 企画書を書く

◆ 企画書をゼロから書く理由

　クライアント企業、調査会社ともに電子化された企画書が蓄積されています。そのため、似たような過去の調査を探し出してコピー＆ペーストで企画書を作成することも可能です。それが合理的である場合もありますが、定性調査は定量調査に比較して過去に実施された調査の企画書をそのまま使える場合は少ないと思ったほうがよいでしょう。

　定量調査は、背景・目的、サンプルサイズ・サンプル構成、調査票の項目をチェックすれば、その調査の全体像が理解できます。

　しかし定性調査は、背景・目的、調査方法、対象者リクルーティング条件、インタビューフロー（質問項目）を見ただけでは調査の全体像がつかめません。なぜならば、調査票とインタビューフローの機能が大き

く違うからです。

　定量調査の調査票は、質問文の表現、提示する選択肢も確定しています。その一字一句が何度も検討され、推敲されてできあがっており、調査対象者はこの確定した調査票に回答します。

　一方、インタビューフローに書かれた表現をそのまま発言するモデレーターはいません。そのときの状況に応じて実際の表現を変化させます。

　つまり、定性調査の質問文は、定量調査に比べて必ずしも論理的な流れとはなっていないため、インタビューフローを見ただけでは調査の全体像がわかりません。定性調査の企画書、過去の企画書はその形式だけを流用するようにして、企画内容はゼロから書き上げるようにします[4]（図表3-3、図表3-4）。

図表3-3　定性調査の企画書の必要項目

項目	内容（例）
調査背景	市場の実態・トレンド、自社ブランドのポジション、課題
調査目的	定性的に明らかにすべきことを具体的に箇条書き
調査方法	FGI か、1on1 か
対象者条件	性×年齢などデモグラフィック特性 行動条件（認知・購入、購入量、離反、スイッチ） サンプルサイズ（1グループの人数×グループ数）
調査日程	日時：場所（インタビュールーム）
調査費用	概算見積もり
調査項目	インタビュースクリプト（質問票）・インタビューフロー（質問項目）は別途作成
調査実施機関	統括、モデレーター名、記録者名、分析者

---

[4]　特に、調査背景については丁寧に書く。

図表3-4　企画書の具体例

タイトル （表紙）	〇〇株式会社　御中 「シニア層の日常の食の健康意識把握のための定性調査」 企画書 2019年1月 アウラマーケティングラボ
調査の背景	食品事業部の売上は順調に推移しているが、ターゲットが若者層に偏っている。 そこで来年秋をめどにシニア層をターゲットにした新商品開発を考えている。 ターゲットであるシニア層が日常の食についてどのような健康意識を持っているかを探ることは重要である。
調査目的	具体的には以下の項目を定性的に明らかにする 　・シニア層の食の実態（3食でどんな食品を摂っているか） 　・日常的に食で気をつけていることは何か 　・健康によい食、よくない食は何か 　・今後、必要となる栄養素は何か 以上から 　・新製品コンセプトの方向性を提案する
調査方法	フォーカスグループインタビュー（FGI）
対象者条件	5人×4グループ実施 〈共通条件〉 　・65歳から79歳の男女個人 　・日常的に健康を意識している 〈グループ構成〉 　gr1　現役で働いている男性 　gr2　リタイアした男性 　gr3　夫が現役で働いている女性 　gr4　夫がリタイアした女性 〈除外条件〉 　・飲食品関係の仕事（だった）人 　・日常食が医者の管理下にある人
調査日程	2019年1月15日（火）　10：00～12：00　gr3 　　　　　　　　　　　　13：00～15：00　gr4 　　　　　　　　　　　　16：00～18：00　gr2 　　　　　　　　　　　　19：00～21：00　gr1 　　　　　　　　　　　　＊恵比寿インタビュールームで実施予定
調査費用	200万円（概算）　税別
調査項目	詳しいインタビューフローは後日作成 ・デモ特性（住まい、家族、仕事内容、他） ・食の実態（朝昼晩、3食の典型的メニュー、食の嗜好、飲酒状況） ・外食、惣菜、インスタント食品の利用状況 ・食で気をつけていること ・心配な病気とその対策 ・サプリメントの摂取状況と不足している栄養素 ・今後の食生活をどうしたいか、どうなりそうか
調査実施機関	統括　　市場調査部　〇〇 モデレーター　　△△調査会社〇〇 記録者　　〇〇

◆ **調査背景の書き方**

　企画書で、表紙の次に位置するのが調査背景と調査目的です。当該調査がデザインされるまでの**マーケティングストーリー**[5]を書き、最終的に期待されるアウトプットは何かを記述します。

　調査背景は、主に次の項目を記述します。

- セグメントした市場の状況、トレンド
- その中での自社、自社ブランドのポジション
- 自社、自社ブランドが抱えている課題
- 取り得るマーケティングアクションの期待値、目標

　調査デザインの最初に、対象とする市場をセグメント（規定）する必要があります。

　例えば、「スマホの通信代が若者のクルマ離れの原因なのではないか」という仮説があったとします。しかし、あらゆる商品・サービスの競合関係すべてを1回の調査で網羅的に解明することはできません。そこで、最初に今回の調査がテーマにするジャンルを規定します。これがしっかりできていないと調査デザイン全体が曖昧になってしまいます。

　先のスマホと若者のクルマ離れの例でも「クルマとスマホは競合関係にあるのではないか？」という仮説を考えるのは大事なことですが、クルマ市場からスマホとの関係を見るか、スマホ市場からクルマとの関係性を見るかで展開が変わってきます。どの立ち位置をとるかを調査デザインの初期に検討し、どちらの市場にフォーカスするかを決めてから調査デザインを開始します。これは、調査企画者がクルマ市場の立ち位置にいるかスマホ市場の立ち位置にいるかで自然に決まりますが、ときとしてクルマ会社の調査なのにスマホのことばかり質問する調査設計になってしまっていることがあります。

　調査の対象市場を規定したら、その市場での自社ブランドのポジショ

---

[5] 調査結果の断片をマーケティング的な起承転結に表現することをマーケティングストーリーという。

ン、置かれた状況、現在の課題を記述します。「そんなことわざわざ書かなくてもみんなわかっている」ことが多いのですが、調査主体として改めて記述することで認知が深まります。

以上が、マーケティング課題をリサーチ課題に変換するまでのマーケティングストーリーとなり、「調査の背景」記述になります。

なお、「調査の背景」は箇条書きではなく文章表現にします。

◆ 調査目的の書き方

「調査の背景」の次に、調査で明らかにすべき調査目的を具体的に書きます。これは箇条書きになります。

調査目的には、期待できる施策の方向性も箇条書きで記述するようにします。

調査目的の最初か最後には「以上を定性的に把握する」という文言を入れます。これがないと、調査に詳しくない人は「ターゲットが何万人いるのか？」とか「自社ロイヤルユーザー[6]が何％いるのだろうか？」などと定量的結果を期待してしまうおそれがあります。

◆ インタビューフローの作成

FGIや1on1インタビューを司会・進行する人のことを「**モデレーター**」といいます。モデレーターは、調査目的に従ってシナリオを用意して、それに従ってインタビューを作り上げていくのが役割です。ただ、シナリオといっても結論（結末）まで書かれたものではありません。シナリオよりも**スクリプト（台本）、プロット（あらすじ）に近いもの**です。そのため現場では「インタビュースクリプト」や、「インタビューフロー」といわれたりします。

◆ インタビューフローを書くときの注意点

インタビューフロー作成時の留意点は次の3つです。

---

[6] そのブランドに忠誠心（ロイヤリティ）を持つユーザーのこと。「そのブランドが無かったら、他の店を探しますか？」「そのブランドを他の誰かに勧めたいですか？」の質問にYesと答える人をロイヤルユーザーと定義するのが一般的。ヘビーユーザー（大量購入者）とは意味が違うことに注意。

- 調査目的を的確に理解しておく
- 当該市場の基本的な知識・知見を得ておく
- インタビューフローはクライアントに向かって書く

調査目的の的確な理解とは、「期待されているアウトプットは何か」を把握することです。定量調査の場合、何が何％存在する、ＡはＢよりも大きい（小さい）などの客観的な数値が出せれば、アウトプットが出せたといえます。

しかし、定性調査ではこのような数値は出せませんので、数値なしの意味・解釈がアウトプットになります。

「こしあん好きは32％存在し、つぶあん好き（38％）よりも少ない」が定量調査のアウトプットであり、「こしあん好きは歯ざわりのよさを評価している」が定性調査のアウトプットになります。さらにこの「こしあんの歯ざわりのよさ」が新しい評価ポイントであれば、「歯ざわりのよさ」を改めて訴求していくことで、自社の製品（まんじゅう）の新しいプロモーションが提案できることになります。

ここまで想定して考えることが、調査目的の的確な理解ということになります。

当該市場の基本的な知見・知識はネットで調べたり、クライアントとの打ち合わせで質問したりして得ておきます。もちろん、クライアントと同じレベルまで知見・知識を得ることはできません。クライアントと同じレベルを目指すより、定性調査のプロとしての視点からの知識に留意したほうがインタビューフローの作成に役立ちます。定性調査のプロとしての視点[7]とは、消費者の視点ということです。業界知識が必要なのはもちろんですが、それを消費者サイドから見直さなければなりません。

インタビューフローはクライアントを目標にして作成します。実際のインタビューでの台本ですからモデレーターが使いやすいように書かれ

---

[7] クライアントは「これは売れそうですか？」のようにテーマを直截な質問にしがちである。調査者は「これは誰向けの印象ですか？」など、周辺から質問し、最終的に買ってみたいかを聞くフローを作る。

ている必要がありますが、インタビューフローはモデレーターがクライアントの意図、期待をよく理解していることをクライアントに伝える機能も持っています。実際にインタビューが始まってしまうとクライアントが「介入」することはできなくなります。そこで、事前にインタビューフローを通して二者の共通理解を得るという重要な機能もインタビューフローにはあるのです。

◆ インタビューフローの構成

インタビューフローは、「イントロダクション」「アイスブレイク」「導入話題」「本テーマ」「クロージング」の構成になります（図表3-5）。

イントロダクションは、今回のテーマ、拘束時間、個人情報の取り扱い、プライバシー保護などを記述します。

アイスブレイクは対象者同士の緊張感をほぐすためのもので、「**ラポール形成**[8]」といわれることもあります。ここは、テーマから離れて自己紹介などをしてもらい、お互いに打ち解けた話しができるためのウォーミングアップになります。

導入話題は、いきなり本題に入ると理解が難しいテーマのときなどに軽い話題から入ることをいいます。ここではテーマに導けるような軽い話題を用意しておきます。

本テーマでは、会話だけでなく、作業してもらったり、ビジュアル（写真、絵、イラストなど）を提示したりして、対象者から自然な情報を多く引き出します。そのために実物のパッケージやコンセプトシート（図表3-6）など、どのような素材が必要なのかをインタビューフローに書きます。

クロージングは終了宣言で、謝礼の受け渡しと質問漏れのチェックを行います。

---

[8] ラポールは臨床心理学の言葉で、臨床医（セラピスト）と患者（クライエント）が相互に信頼し、自由にふるまい、感情の交流ができる状態のこと。定性調査では、自由に発言できる雰囲気を作ること。

図表 3-5　ブランドイメージに関するインタビューフロー（例）

フロー（時間）	スクリプト	テーマ
イントロダクション		
(15分／15)	1. 趣旨説明 ・企業イメージ・商品イメージをつくりたい、2時間、個人情報の取り扱い ・自由に発想、自由に発言。他人の意見は否定しない、便乗する 2. アイスブレイク ・他の3人と3分以内でおしゃべりしてほしい。 ・No.1〜No.4を褒める。どんな人か。	イントロダクション アイスブレイク
外食2ブランド		
(45分／80)	3. マクドナルドとケンタッキーについて ・いつ行った、なぜ行った・行かない ・どんなCM、ニュース、噂を聞いた ・近所、友人・知人の評判は ・時系列での変化 　（キーワード書き出しタイム） 4. メタファー ・持参の写真の説明・ストーリー ・発表会（全員で検討） 　（キーワード書き出しタイム） 5. ラダー作成 ・全員参加 ・ラダー作成後のイメージ変化	定常のイメージ メタファーで活性化 ラダリング
食品3ブランド		
(55分／115)	6. 味の素、ハウス食品、永谷園について ・どんな商品を買った・買わない。商品とメーカー名の結びつき ・どんなCM、ニュース、噂を聞いた ・近所、友人・知人の評判は ・時系列での変化 　（キーワード書き出しタイム） 7. メタファー ・持参の写真の説明・ストーリー ・発表会（全員で検討） 　（キーワード書き出しタイム） 8. ラダー作成 ・全員参加 ・ラダー作成後のイメージ変化	定常のイメージ メタファーで活性化 ラダリング
フォローアップ		
(5分／120)	聞き漏らしチェック お礼、謝礼渡し	

注釈：
- 他己紹介の一種（お互いを褒める）
- 導入話題（答えやすい直近の行動）
- 本テーマに入る
- いろいろな作業をさせる
- クロージング（速やかに退場してもらう）

図表3-6　コンセプトシートの事例

> エア in ポッキー
>
> この春から発売の新ポッキー！
> 春の空気をチョコの中に吹き込んだ口当たりのやわらかいポッキー。
> 桜のピンクのチョコとクッキーの絶妙のコンビ。
>
> 桜前線とともに鹿児島から順次発売。
> ポッキーの新しい定番に。
>
> 【内容】
> 　70ｇ（35g×2袋）　160円
> 　コンビニで発売。
>
> アウラセミナー（2010年6月）で使ったシート
> ポッキーの季節限定品を開発する目的

◆ クライアントへのブリーフィング

インタビューフローを作成したら、クライアントに「ブリーフィング[9]」します。ブリーフィングとは、インタビュー当日の作戦会議のようなもので、目的や期待されるアウトプット、対象者条件、インタビューの進め方、重要な項目では質問に使う言葉遣いなどを確認します。

ブリーフィングは一度で終わることはなく、クライアントとのディスカッション結果や要望によって、インタビューフローを書き直すたびに行います（毎回、顔をあわせる必要はなく、メールのやり取りですむ場合も多い）。

そして、最初のグループのインタビューが始まる直前に関係者を集めて、もう一度「おさらい」することが必要です。

9　実行直前に行なわれる簡単な作戦会議のこと。（軍事用語）作戦目標は決定していて、その遂行のために行なわれる。作戦会議といっても議論ではなく「伝達・確認」が中心。

3 ≫ 実査の準備をする

◆ 調査方法を決める

まず、1on1かFGIのいずれを採用するかを明示します。

1on1は、グループでは話しづらい、グループで話す意義がないテーマのときに採用します。個人の価値観に深く関係する、例えば「なぜ化粧する」「なぜ高級外車に乗る」などの大きなテーマに向いています。

FGIは、グループで話したほうが新しい気づきが出てきそうなテーマ、例えば「今回のCMタレントの印象はどうか」などが向いています。

図表3-7に、その後の大まかな流れをまとめておきます。

◆ 対象者条件を決める

調査方法が決まれば、どういった人にインタビューに来てもらうかを決めます。これを「対象者条件を決める」といいます。対象者条件は、

- 当該商品の購入・使用実態（購入・非購入、大量・少量、他）
- デモグラフィック特性（性・年齢、居住地などの人口特性）
- 社会・経済・心理特性

などの組み合わせで決めます。

FGIの場合、同一グループ内は同じ条件の対象者を集めるようにするのが一般的です。自社ブランドのヘビーユーザーで1グループを作ろうとしたら、「この1週間で当該ブランドを2個以上購入した人」と購入実態で条件を設定します。そして、このままでは老若男女が入り混じるので、性や年齢の条件づけをします。「35歳〜39歳の既婚女性」を条件にすれば、「30代後半既婚女性のヘビーユーザー」グループが作れます。

同質の対象者を集める理由は、インタビューでグループダイナミック

図表 3-7 定性調査作業の流れ

作業	内容
インタビューの実施決定	・1on1 か、FGI か決定
会場手配 対象者リクルーティング	・日時、グループ数の決定 ・対象者リクルーティング条件決定
人の手配（モデレーター、速記者）	※モデレーターと対象者の「質」で調査結果の良否が決まることに留意
インタビューフロー（質問項目）作成	・所要時間 ・テーマとアウトプット ・使用素材（既存品のパッケージや試作品） ※インタビューフロー（質問項目）はモデレーターが作るのがよい
会場準備（使用素材）	対象者名簿（座席表）、名札、筆記具事前アンケート（必要なときだけ）、お茶、謝礼
実　施	※実施中の追加質問やフローの変更を安易に行わない
ブリーフィング（モデレーター＋見学者）	※全員が共有した印象が強いうちに議論するのが有効 ※見学者としてはグループインタビューをモニターしているクライアントなど
分　析	
報告書作成（速記録）	・調査概要 ・分析結果 ・グループ別まとめ（不要のときもある） ・発言録

スが働くようにするためです。また、同質といっても、顔見知りや友人同士は同じグループにしません。同じ会社の人、住まいが近所の人も同じグループに入れないようにします。

対象者条件は数値（年齢や購入・使用頻度など）で区切ることができる場合は数値で区切ります。例えば、「ヘビーユーザー」は「この1週間で2個以上当該ブランドを購入」と使用頻度を定義し、「30代後半」は具体的に「35〜39歳」と表記して区切っていきます。

◆ 対象者人数（グループ数）を決める

対象者数・グループ数は、予算、日程、リクルーティングの困難度、などを考慮して決めます。

1on1インタビューはたった1人実施しただけでも調査結果を出せます。しかし、1人の意見だけでは納得性が弱いので最低でも2人実施します。20代、30代、40代の3世代を対象にするなら2人×3セグメントで6人の実施となります。

FGIでも1セグメント2グループでの実施が理想ですが、予算の都合で1セグメント1グループになる傾向があります。

◆ 対象者の最適人数 —— FGI の場合

モデレーターはグループ全体をコントロールするとともに、対象者1人ひとりの態度変容を追跡する必要があります。そのため、一度にモデレーションできる人数にも限界があります。グループの対象者人数が4人を越えると、態度変容が追えない対象者が出てきます。これは人間の「短期記憶」や「視覚性ワーキングメモリー」の限界として実験で確かめられています[10]。そのため、FGIの1グループあたりの対象者人数は4人が最適となります。

ただ、対象者を4人集めたとしても「ドタキャン」のリスクが常にあります。そこで、念のため5人リクルーティングしておいて、仮に1人

---

[10] 1997年にS.J.ラックとE.K.フォーゲルの実験結果。

ドタキャンが出ても FGI は成立する状況にしておきます。5 人であれば「態度変容まで追えない対象者」の発生頻度は少ないので、現在は 5 人リクルーティングが主流になっています。

◆ インタビューの時間

　FGI の総インタビュー時間は 2 時間が一般的とされています[11]。最初の 10 〜 15 分はイントロダクション、最後の 5 〜 10 分は謝礼の受け渡しに使われるとすると実質は 95 〜 105 分がインタビュー時間になります。一方、1on1 は 60 分で実施されることが多いようです。

　ここで、対象者がインタビューに集中できる時間はどれくらいかを考えてみます。人が何かに集中していられる時間は場合によって違います。子供がゲームに集中している時間を観察すると、その長さに驚かされます。しかし、苦手意識のある科目の勉強や昼食後のデスクワークなどに集中できる時間を考えると、今度はその短さに驚かされるのではないでしょうか。

　このように、自分の好きなことと義務的にやる仕事や勉強では集中継続時間が違うのです。インタビュー調査の対象者の中にインタビューされることが好きという人がいるとは考えられません。義務的に無理してお付き合いしていただいていると考えたほうが無難です。

　そうすると、自分の興味や関心があるわけでもない商品について 2 時間にもわたって語るというのは案外大変なことなのです。インタビューをしていても「もう飽きた。帰りたい」というサインを出す対象者がいます。モデレーターは、こういった対象者にも何とか興味を持続させインタビューに集中してもらうようにしなければなりません。

　そういったモデレーターの工夫・努力があっても 2 時間はやはり少し長いと感じるものです。2 時間以上を予定している FGI の場合は、必ず途中で「トイレタイム、リラックスタイム」を設けるようにします。

　プロジェクトによっては、同じ対象者に日を変えて連続してインタ

---

[11] 一般消費者がマーケティングテーマについて話し合うときの集中力が持続できる時間といわれている。ただ、慣習的な意味合いも大きいようである。

ビューすることがあります。

　例えば、ある大型新製品の開発の進捗状況に合わせて、短めのインタビューを5回も6回も同じ対象者に行うことがあります。インタビューに参加するにつれ対象者側に自分も開発メンバーであるような意識が生まれて、3回目以降は対象者のほうから積極的に集まってもらえるようになることがあります。

　この方法はインタビューの間に日常生活に戻ってもらい、新たな気づきを持って再びインタビューに来てもらうので、対象者と分析者双方の認知がより深くなる効果があります。

◆ リクルーティングをする

　リクルーティングとは、条件どおりの対象者を決まった日時に会場に集める作業のことです（図表3-8）。大きく「機縁法」と「ネットモニターを使う方法」に分けられます（図表3-9）。機縁法とはある個人や小さな組織が、リクルーティング条件に合う人を知り合いに依頼して芋づる式に集める方法です。ネットモニターはネットリサーチ会社に登録しているモニターに応募を呼びかけ、条件に合った対象者を選ぶ方法です。

　機縁法の特徴は、対象者の参加意欲が高いことです。機縁法のリクルーターと対象者は電話等で何度かやり取りして「リアルな人間関係」ができるので、条件でのウソや「なりすまし[12]」がありませんし、インタビュー当日も「対象者の役割」を理解してくれます。欠点は対象者が調査慣れしやすいことです。

　ネットモニターは細かい条件が事前に把握できます。性別や年齢だけでなく何を、いつ、何個買ったかなどの対象者条件に関した調査（これを「スクリーニング調査」といいます）を経るので細かい条件設定ができます。欠点は謝礼目的で、出席するだけで喋らなくてもいいと考える対象者が紛れ込む可能性があることです。

　リクルーティング開始後に、想定した対象者の出現率が極めて低かっ

---

[12] 男性が女性として登録、年齢を偽って登録、そのようにして複数のアカウントを獲得する行為。FGIでは当該商品のユーザーではないのにユーザーになりすますなどのことをいう。

図表 3-8　リクルーティング依頼書（調査者から調査会社への依頼の場合）

```
○○御中
            インタビュー対象者リクルーティング依頼
                                            2018.8.16
                                      アウラマーケティングラボ

             以下の要領でリクルーティングをお願いします。
■日時・場所
    2018 年 8 月 20 日（月）　14：00 ～ 16：00
                              ＊青山 G-1 インタビュールーム
■テーマ
    お菓子に関するインタビュー
■対象者条件　5 人召集
    ＜条件＞
              ・25 歳～ 49 歳の日本人女性。未既婚問わず。
              ・「○○」を 1 回／週以上自分で買って食べる人
              ・「△△」、「□□」も 1 回／ 2 か月以上買う人
              ・自分の好みについて「語れる」人
    ＜除外条件＞
              ・食品関係の仕事（だった）人
              ・（歯）医者に通っている人
■対象者謝礼
    8,000 円（交通費込み）
```

図表 3-9　機縁法とネットモニター

	探し方	利点	不利点	希少サンプル
機縁法	個人の人脈の連鎖	参加意欲が高い	調査慣れしやすい	意外に見つける力がある
ネットモニター	ネットモニター会社の登録者から募集	対象者条件が事前に細かく把握できる	謝礼目的だけの人が紛れ込む恐れ	広いネットワークが使える

たとします。その場合、対象者条件を緩めることになります。事前に対象者条件をどこまでゆるめるか、これ以上ゆるめたら、調査目的を達成できないと考えるポイントを検討しておかないと現場が混乱します。

♦ **インタビュールームの予約**

インタビュー調査は、主催者（クライアント他）の会議室で実施するよりも、それ専用に作られたインタビュールームで実施したほうがよい結果が得られます。

インタビュールームはネットで検索して、事前に下見をしておき、最寄り駅からのアクセス方法を確認したり、録画・録音機材の使用方法などもチェックしておきます。

♦ **インタビュールームの条件**

インタビュールームとは、外界から遮断されて、対象者がインタビューに集中できるように設計された部屋です。通常FGIは主催者名を対象者には知らせずに実施します。ですから、FGIが自社の会議室で実施されることはありません。

インタビュールームの条件を図表3-10にまとめました。立地はJR、私鉄、地下鉄の駅から徒歩15分以内で、東京では山手線の内側、大阪なら環状線の内側がよい立地です。周辺環境はビジネス街でもなく繁華街でもないのがよいとされます。理由は、休日は警備員さんしかいないようなビジネス街では、土日実施のとき、対象者が違和感を覚えるからです。また、あまりに大きな繁華街の真ん中では、夜のインタビューに女性や高校生が来づらくなったりします。

部屋の広さは、8人から10人くらいが入って自由に動ける程度がいいとされます。具体的には全員が椅子に腰掛けた状態でその後ろをモデレーターが無理なく動き回れる広さになります。あまりに広すぎると対象者に不安感や落ち着きのない印象を与え、インタビューに集中できないことがあります（図表3-11）。

インタビュールームは、四方を壁に囲まれて、一面か二面がハーフウェイミラー（マジックミラー）というつくりが多いです。天井が低いと閉

図表 3-10　インタビュールームの条件

	特徴
立地	・公共交通機関利用でアクセスがよい 　（主要駅から徒歩 15 分以内） ・大きな繁華街・ビジネス街の中心部は避ける ・わかりやすい道順
部屋	・8〜10 人がゆったりできる広さ ・天井が高め（低いと閉塞感を感じる） ・真っ白な壁、過度な装飾のある壁でないところが望ましい ・閉じられた空間（外部の情報を遮断） ・対象者と見学者を完全分離できる
設備	・ハーフウェイミラーと防音 ・録音・録画 ・空調（できれば各部屋独立） ・楕円のテーブル（高さ 65cm 程度） ・リクライニングしない、肘掛けもない椅子 ・落ち着いてインタビューに集中できるインテリア ・DVD 再生できる画面、ホワイトボードなど

塞感が強くなります。

　壁の色も重要です。真っ白な壁は論外ですが[13]、あまりに凝った装飾的過ぎる壁は対象者の関心がそちらに向いてしまうのでよくありません。壁の色はベージュ系を基本として、単色か上下のツートーンまでがよいといわれています。

　インテリアは、モノトーンかツートーンの落ち着いた配色、テーブルは楕円、テーブル高は 65cm、椅子は高さ調整できるひじ掛け無し、背もたれは小さめ、が原則です。

　楕円テーブルがよいのは、長方形は右手側左手側とはっきり分かれてしまい対立関係を生みやすいからです。テーブルの広さは反対側の人と立ち上がってやっと握手ができるくらいの距離。「握手はできるが殴り合いはできない」距離です。椅子にひじ掛けがあり、リクライニングがつくと「ダレた格好」をする対象者が出てインタビューの雰囲気に悪影

---

[13] 白は清潔感があるが、光を全反射するので、白に囲まれると不安感が大きくなるといわれている。病院スタッフの白衣も淡い色のものが多いようである。

響が出ることがあります。また、ハイバックの背もたれは見学者の視線を遮ることがあるので避けたほうがよいでしょう。

インタビュールーム内にDVD再生ができる画面、ホワイトボードなども常備されている必要があります。インタビューの様子を録音・録画できる設備、外資系企業の担当者のための同時通訳設備も必要です。

図表3-11　インタビュールーム

現在、事務机の高さは少し高い72cmが多いそうです。逆に低いテーブルとソファはお酒の席などリラックスを演出します。商品を触ったり、試食がある場合もあり、さまざまな体格の人が使うことを考えると65cmが最適です。

そして、FGIには必ず見学者（調査の発注者など）がいます。対象者と見学者は同じ空間で顔を合わせないのが原則です。ハーフウェイミラーの向こう側や、映像で観察できる別の場所などに控えさせておきます。対象者に「あっ、関係者がいる」と思われただけで、インタビューに影響が出てしまうと考えるからです。それほど神経質に考える必要はありませんが、原則は分離です[14]。

4 » インタビューを行う

◆ 意外に大事な事前準備

インタビュー当日までにいろいろな準備が必要です。それらを間違いなく進めるのは当然ですが、準備全体を見渡せる人を1人設けるように

---

[14] 例外はクライアントが明かしたいといったとき。

します。例えば日程が変更されたとき、対象者のリクルーティングを依頼している会社には変更を連絡したが、インタビュー会場の予約変更を忘れた、などの連絡ミスが起こりやすくなります。そのため、常に全体を見て事前準備を進めることが大切です。

また、必要な物品などのチェックもしておきます（図表3-12）。

インタビュー当日は各部屋の空調を整える、対象者とクライアントを完全分離する、インタビューで使う物品を実際に動かしてみる、などをチェックします。そして、対象者が来場したら最終的な対象者条件のチェックをします。これらの作業はヌケやモレがないように、2人一組のチームにするとよいでしょう。

図表3-12　FGIで準備しておくもの一覧（例）

自社で用意するもの	企画書 インタビューフロー 対象者座席表 対象者名札 調査素材（コンセプトシート、実物パッケージ、他） 対象者謝礼と領収書 クライアント（見学者）用メモ用紙 対象者用飲物、お菓子 時計、ノート、鉛筆、ICレコーダー
常備されているもの	朱肉 名札たて ボールペン ホワイトボード 録画用DVDディスク
あれば便利なもの	ポストイット各種 サインペン（色、太さ各種） ハサミ クリップ、のり、ステープラー 同時通訳設備

◆ インタビュー進行の留意点

　何回もインタビューに参加している「インタビュー慣れ」した対象者もいますが、モデレーターは今回の調査対象者は、全員、初めてインタビュー調査に参加しているという前提でインタビューを始めます。

　初めてインタビューに参加する対象者は「何を聞かれるんだろう？」「何を話せばいいの？」「私でいいのかしら？」と不安を持ちながら会場に来ます。

　ここで、モデレーターや受付の人の取るべき態度は「安心してください。難しいことはありません」という雰囲気を醸し出すことです。不安を煽るような態度は避け「大丈夫です」と念押しします。

　また、静かすぎるインタビュールームでは対象者の不安感が増すので、音や画像でリラックスさせます。態度はにこやかに明るく振る舞い、環境音楽、環境映像[15]を活用します（最近の対象者は、ほぼ全員がインタビュー開始前はスマホを見ているので、環境音楽だけがよいかもしれません）。

　ここで、気をつけたいのはリラックスさせようとして過度にくだけた態度をとり、余計なおしゃべりまでしてしまうことです。また、環境音楽・映像のつもりが当日のテーマに影響を与える（バイアスとなる）危険があるものだったりします。対象者はこちらの意図や目的を探りたがっているので、その日のテーマの話など不用意な発言は禁物です。

　対象者には、インタビューの最初から最後まで、リラックスした自由なおしゃべりと、こちらの質問にはきちんと回答できる緊張感をバランスよく持ってもらうようにして、インタビューを進めます。

◆ アイスブレイクは簡潔に

　インタビューの最初に、

---

[15] 聴く人、見る人に集中することを求めるものではなく、その場の雰囲気を和らげるためのもので、BGMや自然環境などのビデオ映像が用いられることが多い。耳障り、目障りのよい、特に意味のない音楽、映像を流して緊張感をゆるめる効果をねらう。

- テーマの大枠
- モデレーターは中立である
- 何時には終わる
- 個人情報・プライバシーの保護宣言
- 録音・録画の許可

など、事務的な話をモデレーターがします。

このとき、モデレーターは対象者の目を見て話をしますが、ひとりを2秒以上見つめることはしません。FGIなら、出席者全員に均等に「めくばり」します。自分の目を見て話さない相手を嘘つきや信用できない人と感じるのは人間共通の心理です。とはいえ2秒以上凝視されると監視・観察されている、この人とは対立関係にあるかもしれないと認識するのも共通の心理です。均等な「めくばり」を意識します。

この後にアイスブレイク[16]を行います。事務的な話が続いて緊張状態の対象者をリラックスさせます。FGIの場合、これが「ラポール形成」にあたります。ラポール形成とは、集団全体を「自由に話す状態」に導くことです。

そして、アイスブレイクの方法には、

- 自己紹介に自分の趣味の話を入れてもらう
- 自己紹介ではなく「他己紹介」をしてもらう
- 好きな色を選んで理由を話してもらう（色カードを用意）
- ゲームを取り入れる（誕生月の順番に座ってもらう、など）

などがありますが、ここでは次ページの図表3-13にあげたようなことに注意します。

16　アイスブレイクとは、ラポール形成のために行う具体的な行動・作業のこと。

図表 3-13　いろいろなアイスブレイク

アイスブレイク	利点	問題点
普通の自己紹介	説明する必要がない	話の長い人がいる ラポール形成力が弱い
誕生年月順の席決め	説明が簡単	事前に座席が確定しない 座席表が作れない
他己紹介	ラポール形成力が強い 話の長い人がいない	説明がめんどう 時間がかかる
好きな色カードで自己紹介	やり方が簡単	うまくできない人がいる ラポール形成力が弱い
ゲームを取り入れる	アイスブレイク力が強い	時間がかかりすぎる 打ち解けすぎることがある

◆ **FGI アイスブレイクの留意点**

　FGI のアイスブレイクはあくまでもラポール形成を目的に行うものであり、アイスブレイクにはあまり時間をかけないように注意します。

　名前、住まいの場所、家族構成、仕事内容などの自己紹介項目も「事前アンケート[17]」（インタビュールームに到着したときに回答してもらうアンケート）でわかるので、自己紹介は簡単に済ませて、早くテーマの話に進めるようにします。

　自己紹介で対象者の趣味の話をしてもらうのはラポール形成には役立ちますが、インタビューのテーマには「役に立たない情報」であると認識しておきます。

　他己紹介とは、隣の人（A さんと B さん）同士で事前に話をしてもらい、A さんの（自己）紹介を B さんにしてもらい、その逆も行うことです。アイスブレイクとして効果的ですが、時間がかかるので注意が必要です。

　好きな色の説明など、ゲーム要素の強いアイスブレイクは、対象者の

---

[17] インタビュー会場で、始まる前に記入してもらう簡単なアンケート。年齢、家族構成、などの属性項目を回答してもらう。見学者にコピーを渡して属性を確認しながらインタビューを見学できる。インタビューでは聞きづらい年収なども取りやすくなる。

中に余計な人間関係と序列感覚を生むリスクがあります。例えば、ゲームでペアになった2人が仲良くなりすぎて、その後のインタビューの進行に影響したり、ゲームがうまくできた人とそうでなかった人に暗黙の上下関係や反発が生まれて、その後のインタビューに影響する場合があります。

会場に到着した対象者に書いてもらう事前アンケートの留意点は、

- 質問数は少なく（多くても10問以内）
- OA（オープンアンサー＝自由に記入してもらう）は避ける
- インタビューで聞くことは質問しない

などです。

◆ 本題のインタビュー

本題のテーマに入るとき、少しむずかしいテーマの場合は、「捨て質問」的に誰でも答えやすいことを聞くようにします。

例えば、「〇〇をいつ、どこで買いましたか？」のように、対象者であれば誰でも答えられる質問にします。

インタビュー調査は会話のやり取りが中心です。その会話は対象者の記憶を頼って行われますが、記憶とは曖昧であることを認識しておくことが重要です。

＜今日の皆さんはこの〇〇をよく買う人ですよね＞とパッケージを出すと［あれ、私が買っているものとは違う。これは△△ですよね］とリクルーティング時の条件とは異なる返答があることがあります。このように、人の記憶は当てにならないので現物で確認します。ただ、こうしたチェックはリクルーティング段階、会場での受付段階でクリアしておくべきです。

本題のインタビューでも、現物を提示したり、ビジュアルを使ったりすると対象者から情報が多く引き出せます。また、簡単な作業をしても

らうと対象者の意識が活性化し、豊かな情報を引き出すことになります。パッケージ、コンセプトシート、画像、動画など提示するものは事前にクライアントにもチェックしてもらっておきます。対象者に作業してもらうときはだれでもできる簡単な作業にします。複雑な難しい作業だと、負担になって逆効果になります。

インタビューフローに従って聞くべきことがすべて聞けたと判断したら、「終わり」を宣言します。お礼を述べ、謝礼をお渡して速やかに退室してもらいます。ここでは対象者と余計な世間話はしないようにします。

◆ 深掘りの留意点

対象者の発言の意図・意味・背景をもっと詳しく深く掘り下げて聞くことができるのが定性調査の特性です。これを「**深掘り**」、または「**プロービング**」といいます（詳しくは127ページ参照）。深掘りはインタビューのテーマと対象者発言をつなぐ行為で、多くはプロービング（対象者に聞き返すこと）を使って行います。

モデレーション中の対象者発言はほぼすべて不完全なものです。それにいちいち突っ込んでいたら単なる「揚げ足取り」になってインタビューの雰囲気を壊してしまいます。そうかといっていつでもスルーしていたらよいインタビュー結果が出ません。この微妙なバランスを会得するのが深掘りのポイントです。

では、どういうところに気をつけたらよいのでしょうか。それは、ツッコミどころを間違えないことが重要です。今回のインタビューの目的と関係ない発言はやんわりと無視します。自己紹介の趣味の話で「エッ？」という発言があっても無視します。対象者の趣味とインタビューの目的は関係ないからです。

一方、「こしあん好きの理由を探る」がテーマのとき、「こしあんはおいしいから好き」という発言に「そうですか」と話を流してはモデレー

ションではありません。好きなものだからおいしいのは当たり前、とモデレーターは納得せずに「どこが、どう、おいしいのか」「どんなおいしさか」「つぶあんのおいしさと違うのか」というように聞いていくのが深掘りです。

深掘りは単なるツッコミではなく共感しながら聞いていくことが大切です。深掘りするといっても「なぜ？ どこが？ どういうふうに？」と連続して聞いていくと対象者は「尋問されている」印象を持ってしまいます。この印象は、気分が悪い、もう黙っていよう、と負のスパイラルのきっかけになります。「こしあんはおいしいから好き」の発言にはまず、「おいしいんですね」と共感する態度を示してから深掘りしていきます。会話のテンポなど、対象者によって異なることも多いので、共感の示し方も対象者ごとに変えるようにします。

深掘りのためのモデレーターのスキルは、次の2点にまとめることができます。

- 対象者発言に「気づく力」
- 対象者発言に同意しつつ、深く追求していく態度

深掘り（プロービング）のテクニックとして、時間差プロービングがあります。すぐに聞くことをせずに、会話の流れの中で＜さっきおっしゃっていた○○の意味をもう一度教えてください＞などと、時間差プロービングを意識的に行うことも深掘りのスキルのひとつです。間をあけることで尋問感も和らぎます。

◆ デブリーフィングの留意点

インタビューが終わって、対象者が全員退出したら、モデレーターと見学していたクライアントで「デブリーフィング」を行います。

デブリーフィングとはインタビューを終えた後の成果確認を調査参加者全員で行うもので、ひとつのグループが終了するごとに行います。

デブリーフィングの目的は、

- 参加者の印象・感想の確認
- 結論の方向性を探ること
- インタビューの進め方の再検討

の3つです。

全員が自分の作戦成果、インタビューから得られた知見・インサイト（洞察）を発表します（155ページ参照）。各自が発表することで、成果の共有だけでなく、自分のインサイトの言語的確認ができます。インサイトが固まるといってもよいかもしれません。

デブリーフィングはインタビューフローに沿って行うよりも、調査目的、期待したアウトプットについて「どうだったか」を話し合うことを意識します。期待した結論は得られたか、仮説の変更点は何か、を検討することが重要です。

1回のインタビューだけでは結論は一般化されませんが、とりあえず、結論めいたことを表現することが重要です。その後、インタビューフローに沿ってインタビューの進め方をチェックし、次回のインタビューに生かします。

また、デブリーフィングでは参加者全員が発言することが重要です。というのも、同じインタビューを見たのに結論がそれぞれ大きく違うことがあるからです。この印象の個人差が定性調査の特性のひとつです。インタビューを重ねて行けば個人差が小さくなり、ひとつの結論に収斂することが多いですが、最後まで残る個性は反対意見、参考意見として報告書に残します。それが新しい課題の発見につながるからです。

5 » 分析を行う

◆ 発言録の留意点

インタビュー調査では、必ず発言録を残すようにします（図表3-14）。発言録の機能は、次の3点です。

- 分析報告書作成のための基礎データ
- インタビュー実施の物的証拠
- 終了後、対象者発言の確認

インタビュー調査全体の分析や報告書作成に発言録は欠かせません。モデレーターや観察者の記憶は極めて不十分で欠落が数多くあります。モデレーターの記憶は自分の印象・評価・結論に近い発言はよく記憶しますし、自分の結論に従って記憶を再構成してしまいます。

それに対して自分の分析方向と違う発言は記憶されず、ノイズ扱いになります。これはモデレーターの技量の問題より、人の記憶が持っている一種のクセです。

ですから、分析作業の最初か途中で、必ず発言録は読み直すようにします。

発言録には速記のように、「発言したそのまま」を書くものと「ある程度意味が通るように省略、編集された[18]」ものとがあります。定量調査では、得られたデータはすべて集計して、分析に使いますが、定性調査では意味の通らない発言録（データ）は使いません。

その理由は、文章ではない会話は、余計な間投詞や無駄な繰り返し、個人のクセによる意味不明のコトバなども含んでいるからです。「あのー、えーっと、いわゆる、だから」とかは聞いているときはそれほど気になりませんが、発言録として文字起こしされると非常に目障りで意

---

[18] 編集にもバイアスがあることに留意する。

図表 3-14　発言録の記録例

車についてのグループインタビュー
◎グループ：○○車オーナー／○月○日(土) 00：00pm～

	自己紹介 ・仕事、家族構成 ・興味のあること	所有車について	車選びのポイント
1	両親、妻、子供、6人家族。公務員。 子供が中学3年の男の子でスポーツが好きで、小学生のときはサッカー、今はバスケットをやっている。私もバスケットをやっていたので休みの日に近くの学校の体育館で子供と一緒にやっている。	A社のステーションワゴン。 ああいう形のは昔から好きじゃなかった。モータースポーツをやっていたので箱型ならセダン系。 子供の移動で荷物が多くて、キャンプをやりたいときに、自分の好きな車種を断念して家族が乗れる、ステーションワゴン。 スキーに行くけど、冬は毎日乗るようにしている。寒い国の車はいいですよね。	今のは買いたくて買った訳じゃない、本来はスポーツ志向。 それでも、今のも結構走ってくれる、スポーツ性もあり、家族も乗り、みたいな。 子供が中学生になると体が大きくて狭くなってきていて、もう1台国産考え中です。
2	会社員、営業。 妻、息子小学5年生。 スポーツクラブになるべく週2回以上行って体脂肪を減らす。 子供が男の子なので、土日はなるべく遊ぶようにしている。	個人的にはワゴン系が好きだけど、買った当時、今もだけど、妻の方が乗る割合が多いので妻の嗜好が強くてセダンタイプになった。 たまたま見に行ったときに他のメーカーも見て、試乗をしてみてドアを閉めるときの音が重くて安心だった。子供もいるし、即決で買った。 ドイツの大衆車みたいな感じで、乗りやすい。	安全性、経済性、外観。 今度もし買い替えるとしたら、環境も考えないといけないと思っている。
3	スポーツ全般もやっているけど、昔からドイツのデザインが好き、ゆくゆくは子供と行きたい。	○○を買おうと思っていたけど家族が4人で子供が小さいのでワゴンを探していた。値引きを90万もしてくれたのでつい買ってしまった。 不満がある。いろんな車に乗ってるけどリズムを感じない。 自分がいいと思う車を買うべきだったと反省している。	年代によって違う。 今は妥協していて欲しい車に乗っていない。家族を考えて仕方なしにワゴン車に乗っている。

味の理解を邪魔します。発言そのままの発言録は、担当したモデレーターが読み返してもストレスが強いものです（図表3-15）。

よって、よい発言録とは脚色はせず、意味が通るよう整理し、無駄な発言は削除したもの、ということになります。

注意点は、テーマによっては無駄と思えた中に宝が隠れていることがあることです。それを逃す危険を防ぐには、記録係[19]もブリーフィングに参加することです。

発言録は、記録者もインタビューに同席することで、インタビューと同時進行で作成されます。その後文字起こし、聞き漏らしチェックのために録音と突き合わせて作成します。

記録者が参加できないインタビューでは録音から発言録を作ります。これが、「テープ起こし」という作業です。このときの留意点は、次の3点です。

図表3-15　逐語起こしの発言録と通常の発言録の違い

逐語起こしの発言録

＜こしあんが好きなんですね＞
［いえ、まあ、どっちかといえばね。アッ、でもつぶあんを食べない訳じゃないですよ。
　ほら、あの、なんて言いましたっけ、ほら、伊勢の、なんだっけ。あれはつぶあんを食べますね。何でしたっけ。どっちでも貰えば食べますよ。］
＜こしあんのいいところは＞
［え！、いいところ、そんなこと言われてもねー。かわんないよどっちも。ウーン、そっか
　こしあんは歯ざわりが柔らかいよね。ウン、確かに、要するに、美味しんだよ］

通常の発言録

＜こしあんが好きなんですね＞
［どっちかといえばね。でもつぶあんを食べない訳じゃないですよ。
　なんて言いましたっけ、伊勢のあれはつぶあん
　を食べますね。どっちでも貰えば食べますよ。］
＜こしあんのいいところは＞
［そんなこと言われてもねー。かわんないよどっちも。
　こしあんは歯ざわりが柔らかいよね。（要するに）美味しんだよ］

19　インタビュー会場でモデレーターの近くに座り、対象者の発言を文字起こしする人。その後、録音とチェックする。

- 録音機器の事前テストを必ず行う
- テープ起こしする人にインタビューの目的、インタビューフローだけでなく、どんな雰囲気、状況だったかを伝える
- モデレーターは、録音を聞くだけで発言者が誰か識別できるように「○○さんの今の発言に対して」などと発言者の名前をはさみ込むことを心がける

技術の進展で、録音からそのまま文字起こしができる無料のソフトウェアが登場していますが、再現性でまだ十分とはいえません。また、FGIのように数人がほぼ同時に話す場面では、ソフトウェアが発言を認識できなかったり、誰の発言かの識別ができなかったりもします。

◆ 分析の留意点

定量調査では、実査データを集計して、平均値、最大値、最頻値などが計算できます。数値や比率の比較、大きい順、小さい順の並べ替え（ソート）、クロス集計（年齢別集計など）で、分析のための数値指標を出すことができます。それらを再計算し、再集計できるさまざまなソフトウェアもあります。

一方、定性調査は、モデレーターの記憶、録音・録画と発言録という数値で表すことができないデータだけです。これは、再集計・解析することができません。こうした制限の中で調査目的を達成するのが定性分析です。そこでの留意点は以下のようになります。

①調査目的（仮説）が受容されたか、否定されたかの判定
②仮説の受容・否定に至るストーリー（文脈）の作成
③想定外の発見の有無の確認

FGIの場合、まず調査のメインテーマをグループ全体でどのように評価したかを分析・判断する作業を行います。インタビューの最中からこ

の「大きな判断[20]」を意識し、インタビューの途中で判断を変えたり、組み替えたりの試行錯誤を行います。その大きな判断を支持する発言や態度を組み合わせて「ストーリー」を作り、ストーリーの背景を考えます。ストーリーの背景・判断の理由の根拠はインタビュー記録まで辿れるかどうかをチェックします。分析者の勝手な思い込みや偏見は可能なかぎり排除します。

ストーリーといっても小説やゲームではないので、意外な展開、飛躍がないのが普通です。ここでのストーリーは、マーケティング的な起承転結のことです。マーケティング的に組み立てられていること、データ（発言）の裏づけがある上でのストーリー展開になります。

「あるとき、突然、○○ブランドを好きになった」という対象者を「娘さんがテレビを見ていてママこれ買って、と言われて買ってみた」「食べて見たら美味しいし、娘も欲しがる」のでその○○ブランドが好きになった。ここまでの起承転結を記述するのがマーケティングストーリーです。

以上の分析過程で、想定外の発見があることがあります。想定外の発見は分析でできたストーリーでは説明がつかないから想定外なのです。これを無視すれば、分析としてはきれいな形を維持できます。しかし、結論の文脈を否定する内容でも、想定外の発見が重要だと判断したら、必ず書き出します。そうすることで、次のテーマ、課題の発見につなげていくことができます。

定性調査のデータはコトバというアナログデータです。アナログデータは、時間がたつと劣化、変形する欠点があります。録音データや発言録そのものは劣化・変形しませんが、それを聞き直したとき、読み直したときに頭に浮かんでくる印象や評価は時間経過すればするほど低減し、歪みが大きくなります。

もうひとつ分析に使えるデータとしてモデレーターの記憶がありますが、これはさらに劣化が激しいものです。

20　今回のコンセプトは受け入れられたかどうかの判断をし、同意する発言・対象者と否定する発言・対象者の差を分析して論理的に詰めていく。

以上から、定性調査の分析は、最終インタビューの終了後、時間をおかずに始めることが重要です（図表3-16、3-17）。

ただし、あまり早く分析作業に入るのも問題です。モデレーションが終わってデブリーフィング中のモデレーター（分析者でもある）の頭の中は一種の興奮状態です。沸き立っている状態の印象・評価をデブリーフィングで喋ります。このときに喋った内容は数時間すると冷めてしまい、「少し違ったもの」になることが多いのです。

ですから、分析に入る前にある程度（数時間）の冷却（沈殿）期間を設け、デブリーフィングで喋ったことにはこだわらない、忘れてしまうことも定性調査分析で重要な留意点です。

◆ 分析の４つのステップ

定性調査の分析は、以下の４段階に分けられます。

第１ステップ：インタビュー中のスクラップアンドビルド
第２ステップ：デブリーフィングでの分析方向の組み立て
第３ステップ：沈殿期間
第４ステップ：文章化して報告書

第１ステップ：インタビュー中のスクラップアンドビルド

インタビュー中から分析作業を始めます。具体的にはインタビューで仮説のスクラップアンドビルドを行います。調査目的の仮説（例：この健康コンセプトは受容されるはず）をFGIで提示してみたら、対象者に否定されたとします。そのとき、否定された理由を探るとともに「こう変更したらどうでしょうか？」と代替案を対象者に提示します。もちろんこの代替案はモデレーターの思いつきではなく、クライアントの意向をくんだものであることが必要です。

このように実査が始まってからも質問内容を自在に変えられるのが定性調査の特性のひとつです。この特性を活用して当初の仮説を壊したり、

図表 3-16　定性調査の記録特性

使えるデータ	特性	対策
モデレータの記憶	劣化が早い。歪みが大きい	分析は早く始める インタビュー中から分析
発言録	劣化はしない 雰囲気の再現まではできない	必ず目を通す 記憶違い、モレのチェック
録画 DVD	扱いが煩雑	基本は見ない 問題発生時のみ

図表 3-17　インタビュー調査分析のポイント

・1on1 インタビューの分析

対象者 NO　属性	テーマ 3
テーマ 1	
テーマ 2	インタビュアー所感

対象者 1 →
対象者 2
対象者 3

属性データとテーマごとスペースを大きくとったメモを用意しておいて、自分（インタビュアー）で記入する所感の欄を必ず作っておいて、このまま報告書とする

・FGI 分析

各グループの「場の雰囲気」を感得する

↓　　インタビューの印象をコトバで表現する

終了後、デブリーフィングし、メモをする

↓

全体のストーリーを考える

↓　　落ちついて考え直すと、インタビュー直後の結論から変化することもある。組み立て直しをする

数時間反芻する時間をもつ

1．調査概要　2．対象者の特性
3．結論　　　4．グループ別傾向
5．提言

← 発言録、VTR で確認

再構築するのが分析の第1ステップです。

第2ステップ：デブリーフィング

デブリーフィング（調査関係者による事後確認）により、インタビュー全体の印象から分析のコアになる知見を得ることができます。モデレーターだけではなくインタビューを見ていた他の調査者の印象・評価を聞くことができるため、分析者は自分の考えの修正、クライアントが考えていることの概略をつかむことができます。

第3ステップ：沈殿期間

デブリーフィングはまとまりのない曖昧な印象をすべて吐き出すことが目的のひとつです。ですから、デブリーフィングで出た意見はそのまま報告書にはできません。

そこで必ず、沈殿期間いわゆるクールダウンの時間を設けます。クールダウン期間を設けることで、大発見だと思ったデブリーフィングでの発言が何か普通のことに思えてきたり、たいしたことないと思った他の人の発言の真意がわかるようになるなど、興奮状態だった脳が整理されてくるのがわかります。

このように、沈殿期間を経て残った知見が調査の最終的な成果となります。逆に言えば、沈殿期間を経ないですぐにレポートを書き始めると、途中で行き詰まったり論理が破綻したりするリスクが高くなります。

第4ステップ：報告書作成

インタビューから発見できたことをマーケティングストーリーにすることが、報告書作成のポイントです。

ここで重要なのが「発言録を見直す」ことです。書き進めている途中でもよいので、必ず発言録を見直します。記憶漏れがたくさんあったり、生の発言を聞いたときと文章化された発言録では同じコトバでも意味が少し違ってきたりします。手間はかかりますが、見直しを重ねることで精度が高まります。

◆ テキストマイニング

　最近話題の AI（人工知能）ですが、自然言語処理に関する研究も進んでいます。産業分野への応用では機械翻訳、音声認識、リコメンド機能などが成果をあげつつあります。定性調査は言語を基礎データとしていますので、自然言語処理の研究成果が生かされる可能性があります。現在のところ、テキストマイニングとテープ起こし（インタビューの音声データを自動的に文書化して発言録を作る）で可能性が試されています。この項ではテキストマイニングについて述べます（図表3-18）。

　テキストマイニングとは、テキストデータをバラバラにして（形態素解析）、普通に読んでいたら気づかないであろう情報を見つけ出す技術です。テキストという鉱山の中にある宝を見つける（マイニング）という意味を持っています。マーケティングリサーチでは、アンケートの自

図表3-18　テキストマイニング

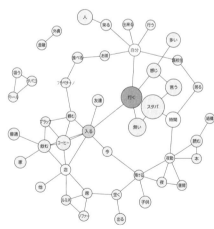

発言録　共起ネットワーク

「新形態のコーヒーショップのコンセプト開発」のための FGI の発言録を KH-coder でテキストマイニングした
　（2014年　アウラセミナーで実施）

・対象者は3人　30代40代女性で喫茶店によく行く

〈共起ネットワークからいえること〉
・「スタバ」と「行く」の共起関係が強くスタバファンであることがわかる。
・ドトールはタバコが吸えることでスタバと距離がある。
・フラペチーノは飲むではなく、食べるお茶。

由記述、インタビュー後の発言録、SNSの口コミの分析などで使われています。

テキストマイニングに用いる発言録は発言者ごとに記述されています。これを単語にバラします。これが形態素解析の第一歩です。「この商品は、今はあまり使わなくなった。」の発言記録は「この」「商品」「は」「今」「は」「あまり」「使わなく」「なった」の要素に分解されます。（句読点などは消される）バラバラになった単語ごとの出現数、係り受け関係などを集計しアウトプットします。テキストマイニングのソフトウェアもたくさんありますが、フリーソフトのKH-Coderがよく使われています。

共起ネットワーク図は、同時に現れる頻度を計算し、頻度が高いものを近くに配置し、係り受け（同時に出現）頻度の程度を線の太さで表現したものです。その他、クラスター分析や対応分析もアウトプットされます。

6 » 報告書を書き、報告する

◆ 報告書の構成

定性調査の報告書は、以下の4部分で構成されます（図表3-19）。

- 調査概要
- 結果の要約
- 結果の詳細
- 調査資料

調査概要は、ほぼ企画書の内容を転記した内容になります。調査結果はまず、結果の要約を書きます。分析作業は結果の詳細を先に始めます

図表 3-19　定性調査の報告書の基本形

リサーチ報告書の構成

表紙

　　　　　　　　　　〇〇〇事業部御中

　　　　　　　┌─────────────────┐
　　　　　　　│　〇〇〇の使用実態に関する　│
　　　　　　　│　　訪問面接調査報告書　　　│
　　　　　　　└─────────────────┘

　　　　　　　　　　2018年3月31日
　　　　　　　　　マーケティング事業部

Ⅰ．調査概要
　1．調査の背景・目的 ┐
　2．調査方法　　　　│
　3．調査項目　　　　├─ 企画書の内容そのままでよい
　4．調査設計　　　　┘
　5．調査日程　　　→　実際の日程を記入
　6．調査スタッフ　→　企画書にあった予算の項目は削除

Ⅱ．結論（結果の要約）
　　仮説の検証結果を要約する
　　リサーチ結果からの提言を書くようにする（事前に調査依頼者と確認）

Ⅲ．結果の詳細
　　グループごとに各テーマの分析結果を書くか、各テーマごとにグループ別の分析結果を書くか、どちらかに統一する
　　できるだけ箇条書きにしないようにする
　　定性調査の場合、グラフや表に分断されることなくストーリー記述が可能

Ⅳ．調査資料
　　調査票、提示カード、パッケージ写真など

が、報告書では結果の要約が前になります。結果の要約は、調査目的に対する調査結果を重要度の高い順に記述します。箇条書きにするのがよいでしょう。

　結果の詳細は、グループごとに各テーマの分析結果を書くか、各テーマごとにグループ別の分析結果を書くか、どちらかに統一します。この

結果の詳細はできるだけ箇条書きにはしないようにします。箇条書きではストーリーが展開できず、細切れの記述になります。

定性調査は定量調査と違い、グラフや表に分断されることなくストーリー記述ができます。このストーリー記述こそが、定性調査の報告書の特性です。

最後にインタビューに使ったインタビューフロー、提示したコンセプトシート、使った調査素材の写真などを記載します（調査資料）。

そして、できれば提言を書くようにします。提言内容は今回の調査結果のみから提案できることにします。自分の思い込みや別に仕入れた知識は排除します。このとき、クライアントの事情をよく理解して書くことが重要です。クライアント側の事情で「検討することができない施策」があります。それを理解しないままに提言を行えば、無駄な提言になります。

このリスクを避けるためには、普段からクライアントのマーケティング施策を把握しておくことが重要です。

♦ まずは文章にする

定性調査の報告書はWord、Excel、Powerpointどれで作成してもよいのですが、Powerpointでビジュアル表現を使う場合も、まずは文章で記述することをお勧めします。ビジュアル化する前にインタビュー結果に基づいたマーケティングストーリーを文章化するということです。定性調査の結果は表やグラフにしにくい性質があります。それを無理にビジュアル化すると重要な情報が漏れる危険があります。ですから、クライアントからビジュアル化したレポートを求められても、最初は文章化するようにします。

最初に文章化することは、その後のプレゼンテーションでプレゼンの説明の流れを作ることにも役立ちます。

文章化、ストーリー化の基本は「起承転結」です。マーケティングテー

マの発生が「起」で調査背景を記述し、それを「承けて」調査目的からインタビューフローまでを記述します。実際にインタビューで対象者に意見を聞くことで「転」を体験し、分析・文章化して「結」を記述します。この起承転結を意識して報告書を書きます。

◆ **プレゼンテーションのポイント**

　定性調査の結果報告のプレゼンテーション（図表3-20）のポイントは、インタビューに参加しなかった人にも納得してもらうという点です。定量調査ならば数字やグラフで客観的なデータを提示できますが、定性調査では、発言録を全部提示したり、DVDを再生したりしないと結論の元になったデータが提示できません。ですから、プレゼンだけに出席する上位役職者の人などは「それ（結論）は分析者の思い込み」ではないのかという疑問を持ちます。

　これを避けるには、インタビュー結果からのマーケティングストーリーを完璧なものにすることです。思い込みを排除して、インタビュー結果だけから作り上げたストーリーの完成度を高めておくということです。ここで、文章化しておいたことが役立ちます。どのプレゼンシートを提示したときであっても、発表者の頭の中には起承転結のあるストーリーが蘇えるようになります。

　また、結論を話す前にインタビュー会場の雰囲気、対象者の主要な発言などを紹介し、結論に至る道筋を説明・納得してもらうようにすることも重要です。一般的なプレゼン技術では、まず結論から話せ、というアドバイスがありますが、定性調査の結果報告のプレゼンにはふさわしくありません。

　定性調査のプレゼンでは、

①**調査の背景**
②**目的**

③結果の詳細
④結論
⑤提言
⑥次の課題提案
⑦質疑応答

の順で話します。

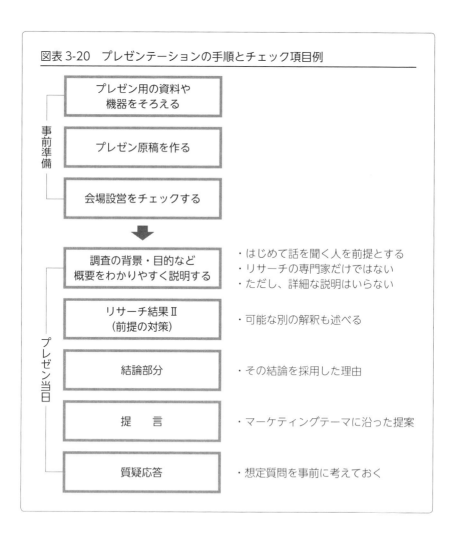

図表3-20　プレゼンテーションの手順とチェック項目例

◆ プレゼンの事前準備の留意点

どのプレゼンでも同様ですが事前に確認しておくべきことは

- 出席人数（メンバー構成）
- 会場（場所と広さ、机の配置）
- そろっている機材（スクリーン、ホワイトボード、DVD再生用PC）
- 所用時間

などの点です。

◆ プレゼン資料の留意点

最も簡単な方法は報告書をそのまま使うことですが、できるだけプレゼン用の別途資料をつくります（パワーポイントが多い）。その資料は、印刷して配布するか、画面に写すか、その両方かも確認しておきます。

Column 3
対象者模様

　調査対象者には、いろいろな人がいますが、日曜日の午後3時以降から始まるFGIには、独特な雰囲気を持つ個性的な対象者が集まることが多いように思います。偏見を承知でその傾向を示すと、

- 男子学生は、政治家や起業を目指すタイプが多い
- 女子学生は、体型的に「おばさん」と「やせすぎ」が多い
- OLでは副業を持つ人が多い
- サラリーマンは金融・不動産系で、職種では人事・総務系が多い
- 美人や美男子でもどこかに大きな「破綻」がありそうな人が多い

　などで、頑固で理屈っぽく、強いこだわりを持っている傾向が観察できるように思います。

　これについては、多くの人が明日は学校、会社(仕事)と思って「サザエさん症候群」が発症する時間帯にもかかわらず、2時間ものFGIに出てくれる人は、どこか普通の人とは違う、個性的な価値観を持っているのだろうと解釈しています。

　それはそれで尊重すべきことなのですが、マーケティングに使えるかどうかは別問題。ここから得られる教訓は、土日で6グループこなせるのは効率的でも、日曜日の夜は避けたほうがよさそうだということです。

第4章
インタビューの実務

- 定性調査のモデレーターは重要な役割を担っています。この章ではインタビューのテクニックと定性調査の手法について述べます。
- 対象者と対する時、意識せねばならないことはどのようなことか、モデレーターが陥りやすい傾向とは何か、プロービング、インタビューの深掘りのテクニックなど、実務で役立つポイントを解説します。

1 ›› 対象者と対するときの心構え

◆ 行動すべてを記憶しているわけではない

　ほとんどのインタビュー調査は、対象者の行動や意識・感情の「記憶」を聞き出しています。つまり、「過去の情報」ということです。

　通常のインタビュー調査では、対象者はインタビュー会場に集められ、普段は意識したこともないようなこと（「なぜ、この歯ブラシを選んだのか？」など）を質問され、答えることを要求されます。そのとき、対象者はその歯ブラシを買った場面の記憶を呼び起こそうとします。

　ところが人はすべての行動を記憶するわけではありません。記憶すべきことと、記憶する必要のないことを区別して記憶します。インタビュー会場で、歯ブラシを買ったときの理由を思い出そうとしても思い出せないということは、脳が記憶する必要なしと判断した体験だったといえます。買ったことは記憶したが、「なぜ、このブランドを選んだか」までは記憶する必要はないと脳が判断したということです。

◆「作話」がある

　この場面で対象者は、質問に極力回答しようと努力します。しかし、

記憶にないので、歯ブラシの購入の前後のストーリーを作ります。「今回の歯ブラシの購入はよく覚えてないが、通常は『毛先のやわらかさ』を重視している。だからこのときも『この歯ブラシは毛先がやわらかい』と書いてあったから」と回答します。

また、その歯ブラシをドラッグストアで買っていたとすると、ドラッグストアでの買い物全体の記憶に頼ることになります。ドラッグストアの買い物は、チラシを見て安売りしているものを買いに行くのがいつものことだから、この時も「安かったから、特売のチラシが入っていたから」だろうと回答します。

これらの回答は本人もモデレーターも納得しやすい回答になっています。そのとき、本当に「毛先がやわらかい」との POP があったか、特売のチラシがあったかどうかは確かめようがありません。

対象者のこの行動を心理学用語で「作話」といいます。作話は無意識のうちに、誰もが行うことが心理学の実験で証明されています。

また、作話は「正直なウソ」といわれ、本人はウソをついている意識はなく、聞いてるほうも「ウソだろう！」と疑うどころか「そうだろうね」と納得する内容になります[1]。

モデレーターは、インタビュー調査で対象者から得られる回答・発言にはこのような脚色や対象者本人の合理的解釈が含まれていることを考慮しながらインタビューと分析を進める必要があります。対象者がウソをついていると非難しても何の意味もありません。そういったバイアスを含みながら対象者はそれぞれストーリーを作ろうとするものなのです。

人の認知はいろいろなバイアス（偏り）を含んでいます。対象者も、モデレーターも、そうなのです。歪みがなければよい、ということではなく歪みも含めた現実生活に合わせた認知を調査しているのです。

◆ バンドワゴン効果

「バンドワゴン効果」という心理現象があります。これは、同じバン

---

[1] 基本的には見抜けない上、強いて見抜く必要はない。分析のときに、論理的には納得しやすいが感覚的におかしい、と感じたときは正直なウソの場合が多い。

ドワゴン（パレードの先頭車）に乗り合わせたら皆同じ歌を歌い、同じものを食べるようになるという同調圧力[2]による心理現象です。

FGIでは、このバンドワゴン効果を積極的に利用します。ある商品のユーザーに集まってもらっているのですから、そのよいところを語り合ってもらうことで、評価はよい方向に雪だるま式に大きくなっていきます。その評価が現実の評価より高くなっている心理を考慮しながら分析すれば、それまで気づかなかったその商品の新しいインサイト（隠れた心理）を発見することが期待できます。

◆ 集団両極化現象

また、バンドワゴン効果は、「集団両極化現象」につながることがあります。これは集団で話していると結論・評価が極端な方向に流れていく現象のことです。競合メーカーの価格攻勢（安売りを仕掛けてきた）の対策会議で最初はそれほどでもなかった結論が「主戦論」か「日和見」のどちらかに大きく偏る現象などがその例です。

FGIでは、ほぼ同じ属性のグループでコンセプト評価したときに、最初のグループは「気に入った、買いたい」と盛り上がるのに、2つめのグループでは「魅力ない、いらない」と否定的意見に盛り上がる（盛り下がる）ような現象です。インタビューを注視していれば、プラス方向、あるいはマイナス方向に極端化していくきっかけに気づくことができます[3]。この気づきのポイントが集団両極化の始まりです。

この集団両極化現象を積極的に利用するか、できるだけ極端化させないかということについてもモデレーターがある程度コントロールできます。どちらが多くの情報・知見をもたらしてくれるかの判断はケースバイケースですが、モデレーターの腕の見せ所でもあります。

---

[2] 同調圧力とは、同じ集団（家族、教室、職場、他）に属する人に集団全体と同じ行動をさせるように仕向ける社会的圧力のこと。本人に強制されているとの認識がないのが普通。

[3] 「この商品はみんな買っている」という発言から「これを買わないなんて信じられない」などと発言が過激になって、みんなが同調するようになったら両極化が始まっている。

◆ 対象者は「回答マシーン」ではない

　調査者は対象者を、何でも教えてくれる「回答マシーン」だと思い込みがちです。そのため、インタビューでは次々に質問すればよいと考えるようになります。質問さえすれば、テーマについての正しい回答が得られ、調査目的は100％達成されると考えてしまうのです。この態度が極端化すると、対象者は、こちらの質問したことに答えればいいだけで、質問への回答以外の発言は余計なおしゃべりとして対象者の発言を遮るようになったりします。これでは自由な発言が得られる定性調査の特性がなくなります。

　対象者は回答マシーンと思っていても、実際の対象者は事前に何の準備もせずにインタビュー会場にやってきます。質問に答えてあげようとする積極的な調査者像を期待すること自体が間違っています。

　受け身の対象者を積極的にするためには、対象者をアクティブな状態に持っていく必要があります。何も準備していない、質問に回答する意欲も弱い対象者に、自分の行動や意識について改めて考えてもらい、積極的に表現（発言）してもらうには対象者の心理を活性化させるのが第一です。**対象者に積極的に質問（アスキング）するよりも、聞き役（リスニング）に徹したほうがアクティブにすることができます。**対象者が気づいたり考えたりすることをよく聞いて、相づちを打ったり称賛の言葉を投げかけて気持ちをアクティブにさせ、発言することが楽しいと思ってもらうようにしてインタビューの「場」全体を活性化させるのです。当然、テーマとは関係なさそうな発言であっても最初は遮るようなことはしません。

　受け身の対象者をアクティブにし、積極的に参加、発言させるためにリスニング重視のほかに、対象者同士が互いに刺激しあうようにすることも大切です。Aさんの発言に対して「Bさんはどう思いますか？」と対象者同士の会話を促します。

◆ 3つのアポリアを持っている

　調査者が陥りやすい思い込みと実際の対象者像のギャップの正体は、「対象者が持つ3つのアポリア」です（図表4-1）。**「アポリア」とは、解決のつかない難問のこと**をいいます。

　モデレーターやクライアントが想定し、期待する対象者は以下のようだと考えがちです。

①自分の行動を「意識」していて、きちんと「記憶」していて
②行動の目的や理由も「的確に表現」できて
③インタビューで「正直」に真実を語る

　ところが、現実の対象者は違います。一般消費者の中からリクルーティング（84ページ参照）の条件に合致した人を選んだだけですので、インタビュー会場に来たときは普通の生活者です。インタビューが始まってみて、初めて自分の消費行動について質問されるのです。そのときの調査対象者は以下の状況にあります。

①普段、自分の行動・意識に自覚的でない。無意識に生活している
②生活を自覚・意識できてもうまく表現できない、言えない
③表現できたとしても正直に語るインセンティブがない

　これが対象者が持つ3つのアポリアです。

　自分の生活を振り返ればわかりますが、コンビニで飲料を買うときに「今、喉が乾いているからコンビニに入った。飲料の棚の前でいろいろ迷ったが、美味しそうな炭酸飲料があったので、いつも買うものではなく、それにした。10円高かったが新製品だから買った」と意識して買い物はしていません。「なんとなくコンビニに入って、目についた新製品をレジに持っていった」くらいです。要するに、普段の買物はほぼ無意識に近い行動です。

図表 4-1　調査者と対象者のギャップ

〈インタビュー出席前の心理〉

対象者の心理

・何を訊かれるのだろう？
・うまく答えられるだろうか？　私でいいのだろうか？
・（私以外に）どんな人が来るのだろう？

この緊張を解いてしゃべりやすくする＝ラポール形成

〈調査者が想定する対象者・消費者〉

消費者・対象者は、
自分の消費行動について

①「意識的」であり、きちんと「記憶」していて
②行動の目的や理由も「的確に表現」できて
③しかも「正直」に真実を語る

〈消費者・対象者が持つ3つのアポリア〉

消費者・対象者は、
自分の消費行動について

①通常はほとんど「意識していないし」「記憶もあいまい」
②意識できても「表現できない」「表現力の個人差が大きい」
③表現できても「適当な合理化」や「ウソ」が多い

　それをインタビュー会場で、「何が目的でコンビニに行った？」「なぜ、いつもとは違うものを買った？」「買った新製品の何がよかった？」としつこく質問されます。そこで、自分の行動を振り返って「そういえば、なんか物足りない気分だったな」と自覚的になったとしても、普通の生

活者は物足りない気分を的確に言語表現する能力を持っていません。

　さらに「物足りない気分」を「口さみしかった」と正直に表現するより、その場の雰囲気に従って「なんとなく」で済ませてしまったほうが対象者はストレスを感じずに済みます。苦労して正直かつ正確に語ったところで対象者にとってのメリットは何もないのです。正直に語るインセンティブがないのです[4]。

　モデレーターは対象者が持つこの3つのアポリアを意識しながらインタビューします。「何も考えず、表現力がなく、適当なウソをつく」人たちを相手にマーケティングの「真実」に迫るのがモデレーションです。

◆ 対象者の調査慣れ対策

　何度も定性調査に参加することで、調査慣れした対象者が多くなります。定性調査慣れ、インタビュー調査慣れした対象者の問題として、

- 通常の消費者以上の知識を持ってしまっている
- 調査主体の意向を忖度した発言をするようになる
- 他の出席者に対して上から目線になりやすい

などがあります。

　FGI に出席すると、多くのブランド、CM の感想や商品を使ったときの評価などに関して何人かで2時間近く話をすることになります。そうすると自然に知識が蓄積されます。インタビューが終わって日常生活に戻ってもそのジャンルの情報に敏感になります。そこで、ますます知識量が増えて一般消費者とはいえなくなってしまう場合があります。

　インタビュー調査を体験すると「こう答えればいいんだ」とか「こういう答えを期待してるんだ」と気づくようになります。2度目の出席からは調査主体の意向を忖度できるようになります。

　そういった余裕ができると他の対象者に対して「私のほうが上、私のほうが調査主体に近い立場にいる」と奇妙な優越感を持ち、発言内容が

---

[4] 正直でなかったら罰を与える、正直だったら高額の謝礼を与える、など権威的な介入でインセンティブをつくることはできるが、実際には難しい。

断定的になったりすることもあります。

　調査主体としては調査慣れした対象者はできるだけ避けたいのですが、対象者条件が厳しければ厳しいほど今まで一度もインタビュー調査の対象者になったことがない人を探すのは困難です。

　そこで、「1年以上出席間隔があく人」「同じテーマでは出席経験のない人」などの条件をつけてリクルーティングするようにします。

　一方で、調査慣れした対象者はラポール形成（91ページ参照）が早い、インタビューの流れや目的の理解が早いなどの利点もあり、問題点を逆手に取って積極的に利用するモデレーションを行うこともあります。

　調査慣れした対象者は機縁法（知人などに依頼する方法）でもネットモニターからのリクルーティングでも同じように発生します。双方とも各対象者の過去の出席記録のデータは持っていますので、リクルーティング時点で調査慣れの度合いはある程度チェックできます。

2 モデレーターの役割

◆ モデレーターの心得

　ここではインタビューを実際に進行させるにあたってのモデレーターの心得を述べます（図表4-2）。

　モデレーターは、インタビュー調査全体のコントロールと調査結果のアウトプットに責任を持ちます。インタビューの準備段階では、対象者、クライアント、調査スタッフ全員が目的に向かって気持ちよく集中できるように配慮します。来場してくれる対象者の名前の確認、それぞれの部屋の環境整備、使用する調査素材などをチェックします。

　そしてインタビューが始まったら、対象者の会話からいかに多くの情報を「聞き出す」かに集中します。そのためには、対象者に共感しつつ

も、対象者（あるいはグループ）を冷静に観察するという二重の姿勢を持つことが大事です。

　インタビューでは、対象者の発言がおかしな内容であったとしても、「そうなんですね」と共感を示し、否定しないようにします。その上で、

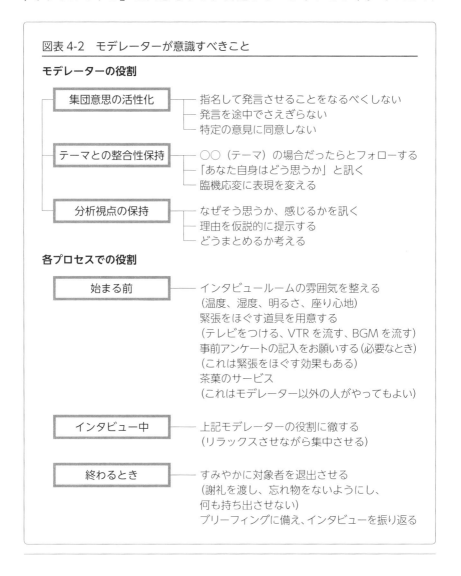

図表 4-2　モデレーターが意識すべきこと

「こうだったらどうなんでしょうか？」などと発言の不備を指摘するようにします。また、個人的に嫌いなタイプの対象者であったとしても、インタビュー中は好きになるように心がけます。少なくとも嫌いという感情は持たないように心がけます。

インタビューが始まると自然に会話の流れができてきます。この流れに共感を示し、いっしょに流れに乗りながら、流れ全体を冷静に俯瞰する視点を持つことが大切です。インタビューを進行させる細かな気遣いとともに、「グループ全体の雰囲気、集団意思はこうなっているな」と分析者の視点で全体を観察します。

ただ、これだけでは流れにまかせただけで発見は得られません。ときには流れに逆らった方向から質問、課題をぶつけることで、対象者自身の「新しい気づき」を引き出します。

例えば、会話の流れでつぶあんよりもこしあんのほうがおいしい、という話が出てきたとします。そこに「こしあんとつぶあんではどっちが古い、昔からあるの？」と質問すると、対象者の会話が瞬間的に止まります。そのとき、対象者の思考は自省的になっています。そして、再び会話が始まるとき、「思わぬ発言、コトバ」が出てくることがあります。

このように話しの流れに棹さすこともモデレーションのテクニックです。

ただ、この方法はクライアントから「余計なことは聞かなくていい」とクレームが出やすく、ある程度成功する見込みがあるときに使います。

また、**FGIでは、ひとつの集団（グループ）としての「集団意思」を醸成できるように心がけます**。集団意思の醸成は対象者同士の会話を促すことから始まります。対象者がそれぞれ個別にモデレーターに向かって会話をしているようでは、集団意思は生まれづらいので、対象者同士が会話できるように「Aさんの意見についてBさんはどう思いますか？」と振ります。コトバで振るだけでなく、視線を振るだけで集団を活性化できます（Aさんの発言が終わった瞬間に、Bさんを見て笑顔で頷く、

など)。

　ただし、集団が活性化しても話題がテーマと関係なかったり、分析に使えないようなものでは意味がありません。話題が逸れていったら、適切に軌道修正します。

◆ インタビューの目的を把握する

　マーケティングリサーチの目的や期待されることは、

- すでにわかっていることの確認
- 新しい発見

の2つです。これは定性調査、定量調査ともに同じです。

　そして、すでにわかっていることの確認は定量調査がより適しています。〇〇のシェアが伸びているようだが、前年に比べて何ポイント伸びているかを知りたい。この目的に対して前年に比べて5.0ポイント伸びていた、などと数値で確認できるのが定量調査です。

　それに対して、定性調査はすでにわかっていることを確認できただけでは調査の評価・価値は低くなります。すでにわかっていることの確認だけでなく、「新しい発見」「気づき」をもたらしてくれることを期待されています。

◆ 「入り込む」を意識する

　モデレーションのテクニックのひとつに「入(はい)り込(こ)む」があります。入り込むの反対は「入(い)れ込む」です。一字違うだけで大きく違います。

　インタビュー調査はフォーカスされたテーマについて会話を通じてある結論を導き出すことが目的です。クライアントだけでなくモデレーターもそのテーマへの思い入れを持ちます。新製品のコンセプトチェックなら「何とかヒット商品にしたい」との思いをクライアントの担当者と共有します。さらにインタビューそのものを成功させたいとの思いも

強く持ちます。

　この強い思いをそのままインタビューの現場で出してしまうと、多くの場合、空回りします。対象者はインタビューのテーマにもインタビューの成功・失敗にも何の思い入れも持っていません。そこに「みんなで楽しく話しましょう」「この新製品は魅力的でしょう」とモデレーターが入れ込んだら対象者は引いてしまいます。対象者に引かれたら、そのインタビューは失敗です。

　そこで、**モデレーターは「入れ込む」のではなく、対象者が持っている世界観の中に「入り込む」のです**。1on1であれば対象者個人が醸し出す雰囲気に共感すること、FGIであればグループのひとりのメンバー（対象者）として、その場のグループの雰囲気に自分を溶け込ませることが「入り込む[5]」ことです。

　入り込みに成功すれば、モデレーションしながらインタビュー全体を俯瞰する余裕ができます。その後は、コントロールがうまくできるようになり、話の流れの修正や盛り上げが自由にできるようになります。対象者の意識の流れや態度変容（コンセプト理解が進んだら評価がよくなった、など）を鳥の目で観察できるようになります。

　その逆に、入り込めないままコントロールしようとすると流れが断片化し、あちこちで途切れることになり、対象者は「いろんなことを脈絡なく聞かれる」ストレスを感じ、集団（グループ）がバラバラになってしまいます。

◆ 沈黙に耐える

　「入れ込んだ」モデレーションの典型に、対象者ではなくモデレーターばかりが発言しているインタビューがあります。

　これは、モデレーターに「沈黙への耐性」がないことが原因のひとつです。対象者の沈黙に耐えられずに何回も質問を言い換えたり、回答がないと勝手に判断して次の質問に移って、やっぱりと思い直してまた

---

[5] 共感的態度を常に前面に出すことがコツ。

戻ったりとモデレーターが発言し続けます。最悪なのは対象者が発言しそうなタイミングでモデレーターが先に発言してしまうことです。

この対策は、モデレーションは「リスニングを意識して行う」ことを改めて心がけることです。

定性調査は、アスキング（訊き出す）とリスニング（発言を促す）の組み合わせで行われるということはすでに述べました。モデレーターは調査目的を達成するためにアスキングに偏りがちになります。「あれも聞かなくては」「この質問は重要だ」と頭の中は聞きたいこと（アスキング）でいっぱいになります。

ここで、インタビューを受ける対象者の立場に立って考えると、連続したアスキングはストレスになります。次から次へと質問されたら通常は気分を害します。中には「尋問されているみたいだ」との極端な印象を持つ人も出てきます。こうなるとインタビューの雰囲気は悪くなり、対象者はより沈黙を選ぶことになります。沈黙に耐えられないモデレーターが対象者に沈黙を強いるという悪循環が生まれます。

対象者の沈黙に耐えるには、「発言を辛抱強く待つ」こと以外ありません。

＜いつぐらいから、このブランドが好きになったのですか？＞との質問に、対象者が［そうね。うーんと］と考え込んでいるときに＜去年から？ 2、3年前から、それともここ数か月？＞とたたみかけたくなります。たたみかけれられると対象者は「何でもいいや、適当に答えよう」となりかねません。

ここで対象者の目を見て、目で発言を促して黙っています。それでも発言がなければ、＜いつぐらい？＞と質問の一部を繰り返します。「私（モデレーター）はあなたの発言を聞きたい」という意志を全身で表現します。

対象者には「いろいろ聞いてくるうるさい人」と思われるより、「私の話をじっくり聞いてくれる人」と思われたほうがインタビューで得られる情報量が多くなりますし、内容も深くなります。

◆ プロービングを行う

プロービング[6]とは対象者の発言に対して、

- 発言の意図を確認する
- 発言の不足を補う
- 発言の理由・背景を聞く

以上のことを目的にモデレーターが対象者に聞き返す作業です。モデレーションの優劣を決めるポイントのひとつです。

対象者の発言は常に瞬間的で断片的です。対象者は、論理的に説明しよう、理解してもらおうといったような意欲は持っていません。そこで、対象者の話を少しでも論理的にできるようにするためにプロービングします。

◆ プロービングのやり方

プロービングは、

- 重要と思われる発言に関して、
- インタビューの流れを切らないように、
- 対象者が何を聞かれているかすぐわかるように行う

以上のことに留意します。ただ、先に述べたように、対象者の発言は不完全なので常に聞き返したくなります。モデレーターの意識がプロービングに向きすぎると対象者の発言ごとに聞き返してしまいます。それではインタビューの流れを切ってしまい、対象者にも戸惑いが生じます。そこで、重要な発言かどうか、流れを切らないか、わかりやすい聞き方かをモデレーターが心の中でチェックしながらプロービングします。

重要な発言かどうかの判断は、クライアントとの事前の打ち合わせとモデレーターのその場の判断によります。インタビューフローのブリー

---

[6] 辞書的には「探査」とか「精査」の意。対象者の発言の意図や意味を探ったり、詳しく調べたりする行為。

フィングのときに、モデレーターは「対象者はこう反応するだろう」と自分の体験の中から予想します。その予想にもとづいてこういう発言は深く聞いていこうとの合意を得ておきます。あとは現場のモデレーターの判断になります。

インタビューの流れを切らないようにするためには時間差で聞き返します。インタビューの流れの中で、時間が止まるような瞬間があります。そういうときに＜そういえば、さっきおっしゃっていた『これいいね』はどういうことですか？＞というように、聞き返せば流れを切らないですみます。

対象者の発言が出てきた文脈にそって聞き返すことも話の流れを切らなくてすみます。＜○○さんは、先程『これいいね』とおっしゃったのは、この商品を見たときでしたよね？　この商品のどこがいいんですか？＞というように文脈も再現してあげて聞き返します。そうしないと、対象者が質問の意図を理解できなかったり、誤解したりする危険があります。

また、**専門用語を対象者にわかりやすい言葉に言い換える**必要があります。例えば、「購入意向はありますか？」ではなく「機会があれば、これを買ってみたいと思いましたか？」と対象者が一瞬で理解できる言葉を使います。

なお、誘導を含むプロービングは原則禁止です。プロービングに限らず、対象者にフラットな立場を保証するモデレーションを心がけます。好き嫌いを聞く質問では＜好きですか？＞ではなく、＜好きですか、嫌いですか、どちらともいえないですか？＞のようにモデレーターの意志・意見がどこにあるのかがわからない状態を作るようにします。例えば、「これ、いいわね」の発言に＜この曲線部分のやわらかさがいいんですか？＞と質問するのは禁止です。この質問では、モデレーター（調査主体）がデザインやフォルムにこだわりを持っているという先入観を対象者に与えてしまいます（図表4-3）。

図表 4-3　プロービングのべからず集

いけないプロービング	内容	理由
しつこいプロービング	ひとつの発言に 2 回以上聞き返しを続ける	インタビューの流れが切れる尋問の印象になる
対象者発言を切り取る	前後の文脈を無視して、ある発言だけを聞き返す	質問が理解されない、誤解される
専門用語を使う	「購入意向はあるんですか？」ではなく「買ってみたいですか？」	質問の意図を誤解したまま回答する危険
誘導するプロービング	「この部分がいいんですか？」と理由を提示してしまう	対象者が忖度するようになる

◆ プロービングの 5 つの原則

プロービングには次の 5 つの原則があります。

①時間的、空間的広がりを促す

- 過去にさかのぼって語ってもらう：「いつからですか？」「そのときはどうだったんですか？」
- 将来の予想、予測、希望を語ってもらう：「これからもそう思いますか？」
- 場所を移動させる：「家にいたとして、…」「外出先ではどうですか？」
- 俯瞰させる：「全体を見渡したときはどうですか？」

②関係性を意識させる（比較、対照、仮定）

- 比較させる：「○○と比べてどうですか？」
- 対象を語らせる：「○○がいいという人はどんな人だと思いますか？」
- 仮定を外す、仮定を作る：「もし、××という条件がなかったら？」「もし、△△という条件があったら？」

③メタファーを引き出す
- 単純な言い換え:「違う言い方ができますか?」
- 例えてもらう:「例えると何ですか?」「赤、青、黄色、緑のうちどれの印象ですか?」
- メタファーを展開させる:「何に似ている、違っている」「ひとことで言うと」

④ラダー(段階、レベル)を意識させる
- 上位概念を考えさせる:「どんな気分・気持ちになる」「抽象的に言ってみると」下位概念を気づかせる:「どの部分でそう思う?」

⑤感情的プレッシャーをかける
- 自分の評価を尋ねる:「その甘さをあなたは好きなんですか?」
- 否定してみる:「そんな人いないでしょ」

時間的広がりでは、過去・現在・未来の時制で確認します。空間的広がりでは、場所が変わることでの変化があるかないかを聞き出します。

関係性を意識させるとは、単純に他のものと比較させることです。対象が[これは高級感がある]との発言に<これと比べたらどうですか?><あれと比べたらどうですか?>と比較するものをモデレーターから提示します。

対象がある仮定のもとで発言していたらその仮定を区別してもらいます。[安かったら買う]に対して<〇〇円だったら?>と聞き返します。

メタファーを引き出すにはまず、<何か違う表現をしてみてください>とし、何も出てこなければ<何かに例えると?>と促し、最終的には<動物に例えると?>と具体案を提示します。メタファーの引き出しはそれほど難しくありませんが、メタファーの分析は難しくなります。シロクマとライオンに例えられたチョコレートA、Bの分析でAは白いからシロクマ、Bは黄色だからライオンではメタファーを引き出した意味がありません。そこで2段階、3段階のメタファーを引き出しておきます。

＜そのシロクマは何をしていますか？＞＜そのシロクマの性格を想像すると？＞というようにメタファーを連続させます。

消費者の認知は階段状のラダー構造（53ページ参照）を持っているとの考え方があります。ラダリングはプロービングにも使えます。

クルマのデザイン評価で［かわいい］との評価（発言）に＜どこからそういう印象が出てくるのでしょうか？＞と質問したら、［フロントグリルのデザインが女の子の顔に見えてかわいい］と発言内容が具体的かつ深くなります（ラダーダウン）。さらに＜かわいい車に乗っている気分は？＞と質問を重ねれば、［やさしいクルマに乗ってる感じ］と上位（ラダーアップ）の概念が引き出せます。このようにラダリングの考え方はプロービングにも使えます。

対象者に感情的なプレッシャーをかけるプロービングがあります。対象者が誤解したり曲解しているときや自分のことと考えないで評論家になっているときに使います。

「あなたの考え方は特殊で、そんなことを言う人はいない」とモデレーターが感情的になったふりをします。通常は対象者の発言を頭から否定するのはタブーですが、そのタブーを意識的に破って対象者の感情を揺さぶります。

ただ、失敗すると対象者と対立が生じたり、「場の雰囲気」を損ねる危険があるので使い方には細心の注意が必要です。

♦ インタビューの深掘り

定性調査では「**深掘り**」という表現がよく使われます。文字どおり「深く掘り下げる」ことをいいます。**深掘りは、定性調査が本来持っている特性のひとつであり、深掘りのないインタビューは失敗**だといえます。

市場全体を把握するのは定量調査の得意分野です。定量調査では充分に分析できなかった重要な部分を、定性調査によってポイントを絞って深く掘り下げた調査をします。

そして、深掘りには2つのタイプがあることはすでに述べました。

つぶあん派対こしあん派の例で考えると、こしあんが好きとする理由として、「甘さ加減」「外の皮との相性」「口当たり」「のどごし」などがつぶあんより優れているのではないかと仮説を立ててインタビューしたとします。これらの仮説を「食感の柔らかさが評価されている」と絞り込んで、インタビューで「食感のやわらかさ」関連の発言を深掘りすると決めます。これが企画段階での深掘りです。

具体的には、こしあんの食感のやわらかさに関係しそうな発言があったら、その発言を起点にして深く掘り下げます。

深掘りポイントを決めていても、それに関する発言（この例ではこしあんの食感のやわらかさ）が出ない場合は、モデレーターから切り出して、深掘りのきっかけを作ります。

決めていた深掘りポイントとは関係なく、モデレーターが「ハッと気づく」場合があります。「こしあんのほうが甘い気がする」との発言から「食感の柔らかさが甘さにつながっているのでは？」との新しい仮説を立てて、食感と甘さの関係を深掘りしていくような場面です。これがインタビュー進行中にモデレーターが気づく深掘りポイントです。

深掘りは、深く掘り下げることですが、**有効な深掘りのためには、まず、広く浅く掘ることを心がけます**[7]。**深掘りポイントを決めつけるのではなく、広く深く掘ってみて「真のポイント」を探し当てるようにします。**

◆ オーバーラポールに気をつける

インタビューが進行するとモデレーターと対象者の間に「ラポール形成」（心が通い合った状態）ができます。初めて顔を合わせた緊張状態が、自由で闊達に会話できる打ち解けた状態に変化します。

現在の日本の消費者を相手にマーケティングテーマでインタビューする場面でラポール作りに苦労することはありません。それよりも「オー

---

[7] 自分の仮説に固執するのではなく、考えられる仮説をいくつか掘ってみて、深掘りすべき仮説を探し出す。

バーラポール」に注意すべきです。オーバーラポールは、必要以上に親しくなる、馴れ馴れしくなる状態です。

オーバーラポールがあると、インタビュー全体を歪める危険があります。モデレーターと対象者が過度に親密になると対象者がモデレーターを尊重するあまり、調査テーマを批判することを無意識に控えるようになったり、モデレーターは突っ込んだ質問を無意識に控えるようになったりするなどの弊害がでてきます。

ラポールは、「過剰にならず、不足せず」の微妙なバランスが大切だということです。

◆ 非言語コミュニケーションの使い方

定性調査（インタビュー調査）はコトバをデータとして、コトバで結果を表現します。しかもコトバは書かれたものではなく、発言（発話）されたものです。生身の人間が発言しますから、コトバとしての意味だけでなく発言された状況（口調、姿勢、表情など）も多くの情報を含んでいます。この言語以外のコミュニケーションを「**非言語コミュニケーション**」といいます。

非言語コミュニケーションは、「人体、動作、目（アイコンタクト）、周辺言語、沈黙、身体接触、対人的空間、時間、色彩」の9つに分けられます（マジョリー・F・ヴァーガス著、石丸正訳『非言語コミュニケーション』新潮選書、1987年）。

この9つの非言語コミュニケーションのうち、モデレーションで最も使えるのが「目（アイコンタクト）」です。発言している人とはもちろんアイコンタクトを取りますが、時々全員とアイコンタクトを取るようにします。そうすることで、発言が促されたり発言したときの共感性がグループ全体で高くなります。

また、アイコンタクトで、対象者全員の「今、話題になっていることの理解度や集中度」がわかります。ついて来れていないと思われる対象

者にモデレーターのアイコンタクトで、理解度、集中度が高まることがあります。

モデレーターが使える非言語コミュニケーションとして、

- 常に出席者全員に視線を向ける（特に開始直後は全員平等に）
- 発言者に視線を向ける
- テーマに即した発言には「強く、深く」うなずく
- ひとりが延々と話し始めそうだったら視線をそらす
- 発言が少ない人と思われる人に意識的に視線をおくる
- 沈黙している場面では一層アイコンタクトを使う

などがあります。

◆ 特殊な対象者への対応

インタビューの現場は、特殊な状況といえます。対象者は普段、考えもしないことを根掘り葉掘り訊かれるプレッシャー、モデレーターはそれを訊き出すプレッシャー、双方に重圧がかかります。さらにFGIでは、見ず知らずの人同士が2時間も拘束されるので、一層プレッシャーは大きくなります。こういった状況では通常よりも寡黙になるか、逆に不必要に饒舌になるという反応を示す人が出てきます。

黙ってしまった人には、時々「○○さんはいかがですか」と指名すると思ったよりはっきりと自分の考えを述べるので、問題ではありません。

逆に、「異常に興奮状態にある人」への対応は難しくなります。こうした人は、考えはとにかく、しゃべらなくてはいけないという強迫観念にとらわれていることが多いのです。ひどくなると、他のメンバーの発言をさえぎったり、最後には自分で質問を行いモデレーションを始めてしまいます。これらの行為に悪意はなく、むしろ善意からきていることが一層やっかいです。

この「**善意の破壊者**」には、モデレーターがその人の顔を見ないよう

にする、話題を変えるときに違う人を指名するなどで対処します。それで、興奮がおさまることがあります。それでも改善されないようなら、その人が話している最中にかぶせて話して話題を強引に変える、話の矛盾をついて黙らせる、といった強硬手段もあります。そのとき、その人を押さえ込んだことでグループ全体の雰囲気が重くならないように注意します。

その他、ある主義主張に固執する人がいます。例えば、健康食品のヘビーユーザーが、その商品の宣伝めいた発言ばかりするようであれば対象者としては失格です。この対応は、「途中で帰ってもらう」ことを覚悟して、強く制止します。最善の対策は、リクルーティングをしっかり行って、特殊な対象者を水際で食い止めることです（図表4-4）。

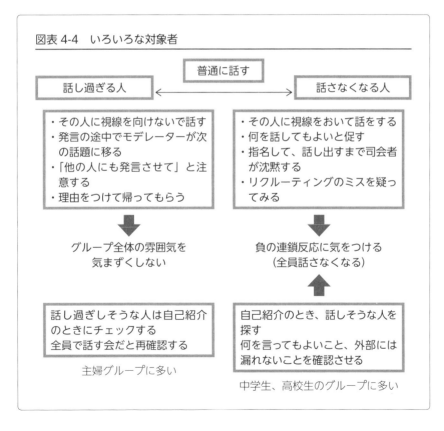

Column 4
エクストリームユーザー（鋭い対象者）

　マーケター、リサーチャーの中には、「消費者は受け身で、我々が『思いと技術を込めた』製品の良さの半分も理解（知覚）してないだろうな」と思っている人もいます。しかし、中には驚くような消費者もいます。

　あるインタビューで、「最近、○○の味が変わった」という対象者発言がありました。誰も取り合わなかったのですが、試食時に既存品も食べさせたところ、半数くらいが「？」という反応を示し、「変わったかも」「作り方がウチと違うのかも」など変化を実感した様子でした。さらに、最初に変わったと言った対象者がどこがどう変わったかを指摘し、「その原因は△の原材料を変えたからではないか」と言い出しました。モデレーターはわかりませんでしたが、その後、バックルームに呼び出されました。クライアントの主張は「あの人は競合メーカーの人ではないか」「調理人ではないか」ということで排除してほしいとのことでしたが、その対象者には話を振らないということで、最後までインタビューが続きました。デブリーフィング（調査報告会）もその話題に占拠され、探偵ごっこに終わりました。あとでリクルーターを通して聞き出したところ、料理が趣味だが、メーカー・調理関係者ではないことが判明しました。

　このようにメーカーの担当と同等か、越えた感覚と知識を持っている消費者もいます。これを「エクストリームユーザー」といいます。

　もうひとり、パッケージデザインの評価で、「Pのデザインは○○のテイストがある」とアメリカの有名デザイナーの名前をあげた対象者がいて、このときもバックルームが沸き立つ気配がありました。

　あとで確認すると、確かにデザイン案Pはアメリカの有名デザイナーに高額なフィーで依頼した作品だとのことでした。こういったエクストリームユーザーは、リクルーティングしたいときに限って現れてくれないものなのです。

第5章
目的別定性調査の実務

- 定性調査もマーケティングリサーチである以上、マーケティング活動に役立つことを最終目的にしています。この章ではマーケティング活動に役立てるための定性調査の使い方を述べます。ニーズ探索、コンセプト開発などはもちろん、価格調査にも役立ちます。また、定性調査ならではの強み、インサイト発見をもたらすための工夫も紹介します。
- さまざまなリサーチ課題に対して、定性調査でどのような提案ができるのか、見ていきます。

1 » ニーズ探索

◆ ニーズ発想の新製品開発

新製品や新サービスが開発されるプロセスには大きく2通りあります。

① 新しい物質・成分、素材、技術、製法、ビジネスモデルなどが開発できて、これを新製品に作り上げる
② 消費者、ユーザーが何を欲しがっているか、既存の商品のどんな不満、不便さを感じているかをリサーチしてその「不」を解決するべく新製品を開発する

①を「**シーズ発想**[1] **の新製品開発**」といい、②を「**ニーズ発想**[2] **の新製品開発**」といいます。②では、必ずニーズ探索調査が行われます。消費者のニーズを確認してそれを満足させる製品開発に進みます。

ニーズ探索には定性調査を行います。「あなたが不満に感じていること、欲しい商品は何ですか?」と質問して回答が返ってくることはありません。消費者が普段から意識している、わかっているようなニーズな

---

1 シーズ発想とは、自社の技術から「何を提供することができるか」を軸に新製品を考えること。
2 ニーズ発想とは、「消費者、ユーザーは何を欲しているか」を軸に新製品を考えること。

ら、それに見合った製品はすでに開発されているはずだからです。意識できていない不満、不便、わかっていないニーズだからこそ、掘り起こすことができれば新しいアイデアにつながります。

　ニーズ探索調査は消費者の潜在的不満や不便さ、不足感を探るために定性調査が主流です。消費者の深層の心理を探るためにエスノグラフィー的な調査手法が採用されます。1on1をはじめとするデプスインタビュー、行動観察、コンテクスチュアルインクワイアリー法などが使われます。

　何もない状態で「何か不足はないか？」というようなアプローチではニーズ探索できません。不完全でよいのでいくつかのコンセプト案を提示してそれへの反応からニーズを探ります。コンセプトは固まったものにせず、インタビューの中で自由に修正できるようなものを用意します。

◆ 個人ニーズと社会的ニーズ

　消費者ニーズには、2種類あります。

- 個人の欲望・欲求を満たしたいニーズ
- 世間の常識、常識人と見られたいニーズ

　たとえば、実は今よりもっと甘いとろけるようなお菓子が欲しいと思っているのに、インタビューで、甘さ控えめの健康的なお菓子が欲しいと回答してしまうことがあります。このように個人的ニーズ（欲望）と社会の構成員の立場での社会的ニーズ（社会常識）には齟齬がある場合が多いのです。

　ファストフードのニーズ調査をすると、健康的な、野菜をたっぷり使った製品が欲しいという結果が必ず出ます。しかし、こういった健康訴求商品を開発してもほとんど売れなかったという苦い体験を、ファストフードメーカーは持っています。なぜでしょうか？　ファストフードを食べる自分は健康を考えない意識が低い人という社会的な認知がありま

す。それが「おいしいファストフード」ではなく、「健康的なファストフード」という、そもそも矛盾したコンセプトを評価してしまうのです。ニーズ探索では、この「罪のないウソ[3]」を見抜く力が要求されます。

「世間からそう見られたい」意識には、次のようなものがあります。

- 健康的な（食）生活
- リーズナブルな価格（贅沢品でない）
- 便利な機能や多機能
- （地球）環境にやさしい

これらの「建前」を鵜呑みにしない「意地悪さ」がニーズ探索のモデレーションには必要です。対象者の発言を素直に聞いてはいるが、解釈では相当にひねくれている2重人格のモデレーションを心がけます。

2 » コンセプト開発・評価

◆ コンセプト開発

新製品や新サービスの開発プロセスの中には必ずコンセプト開発があります。研究所が開発したものをそのままパッケージングして発売したら売れた、という時代もあったそうですが、それは昭和時代の話です。

前項で述べたシーズ開発でもニーズ開発でも、製品のコンセプトを作り上げてから製品開発に入ります。製品コンセプトとはその製品の作り手側（メーカー）がその製品に込める「考え方」のことです。表現は抽象的になりがちですが、誰に対してもわかりやすく理解できることが大切です。「おいしいカレー」もコンセプトといえますが、「アツイおいしいカレー」のほうがより具体的です。

コンセプト開発には必ず定性調査が必要ということではありませんが、

---

[3] 正直なウソはウソの意識のないウソ。罪のないウソはウソをついている認識はあるが、ウソの内容が単純なもの（すぐに見抜かれることを前提としている）。

消費者の欲求（ウォンツ、ニーズ[4]）を知り、それにコンセプチュアルな表現を与えることができれば、失敗の危険を減らせます。「アツイおいしいカレー」の場合、「アツイ」の表現が辛さを強調しすぎて嫌われるのか、新しい表現として共感されるのかを調査することになります。

ただ、消費者に「どんなコンセプトの商品が欲しいですか？」と聞くのはナンセンスで、必ずコンセプト案をいくつか提示し、インタビューの中でそれを評価させながらコンセプトを練り上げていきます。

コンセプト開発は、そのコンセプトがもたらす消費者ベネフィットの確認と表裏一体の関係にあります。ベネフィットとは「便益」のことで、具体的には「この商品は、どんないいことを消費者にもたらしてくれるか」という内容です。「アツイおいしいカレー」が辛さにこだわったカレーなのか、食べると元気になるカレーなのかで同じコンセプトから出てくるベネフィットが違うことになります。**コンセプトは開発者の「思い」であり、ベネフィットは消費者が受け取る「実質的な価値」のことです。**

コンセプト開発調査でもうひとつ重要なことは、開発・商品企画部門で作ったコンセプトを消費者にわかる表現に書き直すことです。

例えば、「新技術による今までにないおいしさ」だけでは、消費者にはその製品の具体的なイメージは伝わりません。これを「冷たくなってもできたてのおいしさが保てる新技術」と書き換えれば、製品のイメージは伝わりやすくなります。消費者視点に立って何がベネフィット（便益）かがわかるようにします。

このように、開発者（企業）のコンセプトを消費者が理解できる表現にするには開発者と十分に話し合う必要があります。もちろん消費者にわかりやすくても開発者の意図と違っていては意味がありません。

◆ コンセプト受容性の測り方

開発した新製品のコンセプトがどれくらい受け入れられるのか、つまり、コンセプトどおりの製品を発売したらどれくらい売上があり、どれ

4　ニーズ：消費者の本質的な欲求のこと。
　ウォンツ：消費者の欲求が具体的なものとして現れたもの。
　シーズ：企業が持っている技術や材料のこと。

くらい利益が見込めるのかということは、極めて重要なテーマです。このコンセプトの受容性は、「受容の広がり」と、「受容の深さ」の2つの指標で測ります。この2つの指標では、受容の深さのほうが重要です。なぜならば表面的に「あってもいい」程度の受容性ではあまり意味はなく、「是非、欲しい。早く欲しい」と思うくらい深く受容している人が存在することに意味があります。

受容性チェックの調査は、想定ターゲットにコンセプト案を提示する方法で行います。そして、最終的には「買うか、買わないか」「今使っている商品からスイッチするか」を聞き出します。コンセプトが受容されるかされないかだけでなく、コンセプトの変更すべき点を明らかにすることもコンセプト受容性チェックの目的になります。

コンセプト受容性のチェックポイントは、

①コンセプトを理解してくれて
②内容に共感してくれて
③買ってみたい気持ちになってくれる

の3段階になります。以下で、詳しく見ていきます。

◆ コンセプトの理解・共感・購入意向

コンセプトは、わかりやすく簡潔に表現された文章で提示されます。コンセプト文を作成する側は何度も推敲しているので理解できて当然ですが、初めて読んだ・説明された対象者がすぐに理解できるとは限りません。インタビューでは、「理解できているか、誤解してないか」を意識しながらモデレーションします。理解が不足しているようならコンセプトを歪めない程度の追加説明をします。

コンセプトを理解することと、それに共感することは根本的に違います。理解なき共感はあり得ませんが、共感なき理解はあり得ます。コンセプトをよく理解してもらえたら「あなたにとって大切なことですか？」

「これは好きですか？」と評価の核心を聞き出します。

さらに、買ってもらえないことにはマーケティングは成立しません。買う、買わないは価格と競合関係が大きく影響しますので、コンセプト受容性調査の最後に価格を提示して購入意向を確認します。コンセプトを理解し、共感しているのに購入意向が弱いときは、

- 既存の競合ブランドとの差別性のあるコンセプトではなかった
- その商品ジャンルの値ごろ感と大きくズレている

の2点をチェックします。新しいコンセプトが競合既存ブランドとほぼ同じ、いわゆる差異性・差別性がないときは、対象者が理解・共感しているのは既存商品のコンセプトだということになります。既存品と同じような新製品が出ても購入意向は高まりません。

もうひとつは、既存ブランドにはない新しいコンセプトとして理解・共感できても価格が高いと購入意向が弱くなります。既存品より高い価格を納得させるコンセプトだったかどうかをもう一度チェックします。「○○より10円高い理由は何だと思いますか？」と質問してみてコンセプトにそった的確な回答がない場合は、高価格は納得されていないと判断します。

また、既存品より安い価格設定はコンセプトがどうであれ、品質レベルを低く見られて購入意向が低くなる危険があります。安さを納得させるにも理由が必要になるのです。

3 STP 分析

◆ セグメンテーション、ターゲティング

マーケティングには有名な**STP**があります(図表5-1)。**セグメンテー**

ション、ターゲティング、ポジショニングのことをいいます。セグメンテーションもターゲティングも定量的な指標で行われます。性と年齢によるセグメント法として、F1（女性20〜34歳）、M2（男性35〜49歳）などの分類があります。性・年齢以外でもデモグラフィックな特性でセグメントする場合が多いのは、誰でも共通に認識できる区分けができるからです。

図表5-1　STP

細分化 (Segmentation)
↓
絞り込み (Targeting)
↓
位置づける (Positioning)

　セグメンテーションはターゲティングにつながります。女性全般ではなくF1をセグメントし、F1の中の化粧意識の高い女性をターゲットにする、などのようにより絞り込むことをターゲティングといいます。ターゲティングはデモグラフィック特性よりも、行動特性（○○製品のユーザー）や心理特性（化粧意識が高い、など）が重要になります。

　定性調査でのセグメンテーションやターゲティングは対象者のリクルーティング段階で決まります。調査目的が決まれば、セグメントやターゲットが自動的に決まり、それに従ってリクルーティングに入ります。ですから、通常はインタビューがセグメントやターゲットを問題にすることはありません。

　定性調査でターゲティングすることは、ターゲットプロファイリング[5]をすることになります。「F1で化粧意識が高い層」とのターゲットのプロファイル（人物像）をもっと豊かに描くことです。F1は年齢幅が15歳もありますし、性・年齢以外の情報はありません。化粧意識が高いというのも定義が曖昧です。そこで、インタビューで、ターゲットのプロファイルを立体的な人物像として描いていきます。

　また、定量調査で因子分析・クラスター分析を行ってセグメンテーショ

5　プロファイリングとは、人物像を記述すること。

ンを行い、その後、各セグメントのプロファイリングのための定性調査を行うことがあります。そのときに留意すべき点は、

- 定量調査のプロファイリング項目の解釈を豊かにする
- 平板ではない、生き生きしたプロファイリングを行う

の2点です。定量調査の質問文はイエス・ノーで答えやすい、意味が一意的に決まっている、理解しやすいなどの制約条件があるので、プロファイリング項目としては物足りないものになります。例えば、定量調査用の「新製品はすぐに試すほうだ」との質問を定性的に問い直すには、

- いつ、どこでも、どんなジャンルでも新製品を試すのか
- 好奇心が強い性格か、そのジャンルに関心が高いのか
- 新製品を試すとき使い続けるつもりがあるのか、試しか
- 買うのか、サンプルをもらうのか

など、となります。さらにプロファイリングは、項目を増やすよりも生き生きとした人物像を描くことを意識します。平均を目指すより、尖った個性を目指すようにしましょう。

ターゲットは、その人(たち)に向けてマーケティングする標的のことですから、はっきり、くっきりした人物像である必要があります。プロファイリングといいつつ、実際は目指すのはマーケティング対象の具体的な顧客像である**ペルソナ**だという意識でインタビュー・分析を行います。

◆ ポジショニング

ポジショニングとは、対象となる市場における自社の製品・サービスの位置づけを競合と差別化し、その市場の中で自社が優位的に立てる戦略構築のために使われる考え方のことです。米国のマーケター、ジャック・トラウトとアル・ライズによって唱えられたコンセプトです。

そしてポジショニングでは、通常は平面に2軸を直交させる2次元空間でポジショニングします（図表5-2）。

定性調査でのポジショニングには大きく2つの方法があります。

- 2軸を指定して4象限にブランドなど該当のものを置かせる
- 該当のものを全部提示し、似たもの同士の固まりを作らせ、それをくり返す

前者は事前に軸の名称、分割（ポジション）の基準がわかっているのでスムースにいくことが多いですが、あらかじめ決めこんだ軸なので思わぬ発見（こんな軸でポジションするんだ！）はありません。

後者の軸（分割の基準）は対象者の認知の表れと考えられるのでバイアス無しの軸ができるはずですが、対象者は、ポジショニングを意識して分割してくれないので分割の度に基準（軸）が違ってしまい、軸が出ないというか、軸に名称がつけられないことが多くなります。

ポジショニング図を作るときの注意点は軸の抽出と解釈の2点です。2軸を提示するときの留意点は、以下の2点です。

- マーケティング的重要性と対象者のわかりやすさのバランス
- 2軸が直交していることの確認

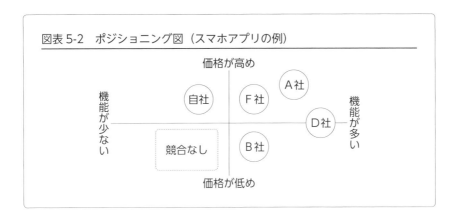

図表5-2　ポジショニング図（スマホアプリの例）

ハイエンドの新製品の検討がマーケティングテーマであるとき、既存ブランドのポジショニングの軸として「ハイエンド-ローエンド」軸を提示したとき、対象者がハイエンドを高額品と解釈してしまうと調査者の意図どおりのポジショニングにならない可能性が出てきます。ハイエンドの意味内容をしっかり説明しても対象者の「思い込み」を修正するのが困難な場合があります。

　2軸の直交（2軸に相関がない）の確認も重要です。ハイエンド-ローエンド軸と価格の高低軸は普通は直交しません。ハイエンドと高価格は相関が高くなります。実際にポジショニングさせるとハイエンドで低価格象限とローエンドで高価格象限にポジションされるブランドがなくなるはずです。こういったわかりやすい失敗はしませんが、軸が直交することは事前に確認します。また、軸の意味でそもそも直交できないものもあります。

4 » ブランディング

◆ ブランドとプレミアムブランド

　一般にブランドというとグッチ、エルメス、ルイ・ヴィトンなどが想定されますが、マーケティングでいうブランドはもっと広い意味に使われます。簡単に定義すると、「カテゴリーから区別できる固有の名称を持つもの」となります[6]。

　よくあげられる例が、「水」です。水は一般カテゴリー名ですが、「○○のおいしい水」と名前をつければブランドになります。そして、この段階でブランド価値が生まれます。価値の高低を別にすれば、あるカテゴリーから区別するために名前をつけただけでブランド価値が発生します。

---

[6] アメリカ・マーケティング協会の定義では、ブランドとは「ある売り手あるいは売り手の集団の製品およびサービスを識別し、競合他社の製品およびサービスと差別化することを意図した名称、言葉、シンボル、デザイン、あるいはその組み合わせ」とされている。

ところで、「ルイ・ヴィトンなど」のブランドと一般消費財のそれとはどう違うのでしょうか。基本的なブランド価値は一緒ですが、競合関係のパターンが違っています。「ルイ・ヴィトンなど」のブランドは、カテゴリー一般から離れて、数ブランドと競合しているのに対して、一般消費財ブランドは、カテゴリーの全ブランドを相手として競合しています。

　ルイ・ヴィトンは、バッグ全体カテゴリーから離れた（高級・高額）ブランドとして、プラダやエルメスと競合しているのに対し、アサヒスーパードライは、キリン一番搾りなどビールカテゴリーの中の全ブランドと競合しています。なお、ルイ・ヴィトンのようなブランドを「プレミアムブランド」という場合があります。

◆ ブランドとは

　「カテゴリーから区別できる固有の名称をもつもの」という簡単な定義をもう少し詳しく説明すると、**ブランドは、その名前で他と区別され、他とは違う印象を持たれ、それが多くの人に共通化され、しかも一定の時間経過に耐えて保持されるものです**。他と区別する指標はそのブランドの名前です。名前のないブランドはありません。ロゴデザインには名前がなく記号・デザインだけのものがありますが、我々は他の情報からそのロゴのメーカー名やブランド名を想起できます。

　ブランドには「**企業ブランド**」と「**製品ブランド**」があります[7]。企業ブランドと製品ブランドが一致している場合もありますが、多くは企業ブランドを傘にして、その下に製品ブランドがぶら下がる構造を持っています。

◆ ブランドイメージの定性調査

　消費者は認知しているブランドには何らかのイメージを持っています（初めて知ったブランド名でも語感や音感であるイメージが湧きます）。

7　トヨタは企業ブランド、カローラは製品ブランド。カルピスは両者。

ブランドイメージの定性調査は、ブランドイメージそのものだけでなく、ある製品のCMやプロモーションが既存のブランドイメージにどう影響したかがテーマになります。モデレーションや分析作業の中で、

- 当のCMやプロモーションが既存イメージに合っている
- 既存イメージに合っていない

のどちらかの結果が得られます。
　当のテーマと既存イメージが合致していた場合は、既存イメージを強化する力があったかどうかをチェックします。この力がないCMやプロモーションはインパクトがなく埋もれてしまって、既存ブランドイメージを補強する効果が弱いと判断されます。
　当のテーマと既存イメージが合わない場合は2つのチェックを行います。既存イメージを毀損するような内容だったのか、既存イメージに新たな価値を付け加えるようなものであったかのチェックです。マーケティングは連続性を重視するので、既存イメージを毀損させるようなものは作らないはずですが、ときとして「世間の常識」を逆なでするようなことが行われることがあります。これらを事前にチェックするのもマーケティングリサーチの役割です。既存イメージに新たな価値を加えると判断されるようなものであれば、

- 新たに加わる価値の内容
- インパクトの内容・理由

を定性的に明らかにします。
　企業ブランドと製品ブランドのイメージの整合性もブランディング上、重要なテーマです。

5 ›› 価格調査

◆ 価格と定性調査

　価格戦略の良し悪しは売上と利益に直接影響します。価格は数値で表されるので調査でも定量調査が多く行われます。価格は購入単価、実際に買われたときの単価がいくらだったのかが重要な指標です。POSレジの普及で末端の購入単価は精度高く自動的に収集できるようになってきています。

　定性調査では、価格（値付け）にフォーカスすることはあまりありませんが、モデレーターは常に価格を意識してモデレーション、分析する必要があります。

◆ ブランド、製品評価のインタビューの最後に必ず価格を提示する

　コンセプトや製品を評価する調査では、評価の良し悪しにかかわらず、評価が終わったら価格を提示してもう一度、価格を含めた評価をするようにします。こうすることで、

- 対象者が実際の購入場面での評価、いわゆる「自分ごと」として評価していたかどうかがわかる
- 対象者がどの商品ジャンルとして評価していたかがわかる

などの効果があります。

　価格を提示されてもう一度評価させると、「えっ、おカネ払うの？」という極端な反応を得ることがあります。また、価格提示前と評価が180度変わることもあります。これらは、評価の段階で価格を考えていないために起こります。「他人事、評論家的」な態度で評価していたわけです。それが「いくら」と価格を提示されると自分が買うか買わない

かの判断をすることになるので「コンセプトはいいが、この値段では買わない」や「このコンセプトでこの値段なら妥当（だから買う）」などと「自分のこと」としての評価・判断が引き出せます。

ただし、最初から価格を提示してしまうとコンセプトや製品の評価が歪んでしまいます。評価が価格に引っ張られてしまうのです。この価格ではこの機能は魅力にならない、というように常に価格との関係でコンセプトや製品を評価されてれしまいます。また、「この価格帯ならこんなものだろう」と見切ってしまう態度でコンセプトを評価するため、先入観のある評価になってしまいます。

◆ 消費者は各ジャンルで「値ごろ感」を持っている

値ごろ感というのは「こういった商品は大体いくらくらいで売られている。自分は買っている」という価格の感覚です。初めて賃貸住宅を借りようとする場合を考えても、ネットで検索して「この街でこの立地でこの広さなら、だいたいいくらくらい」との値ごろ感を作ってから部屋探しを始めるのが普通の行動です。

値ごろ感は、できてしまうとなかなか変更されませんし、選択行動に大きく影響して、以下のような行動特性につながります。

- 強いこだわりになりやすく、それを基準に比較検討する
- 値ごろ感を越える値づけには、それなりの理由を要求する
- 値ごろ感を大幅に下回る値づけは品質に疑問を持たれる

◆ プレミアム価格かジャンルが違ったかを考慮する

価格を提示したときの対象者の反応が「安い、もっと高くていい」だった場合は、当該商品のジャンルでプレミアム価格として認めたのか、当該ジャンルから飛び出してしまったのかのチェックが必要です。

プレミアム価格とは、例えばビールの場合、通常のビールより高い、

いわゆる「高級ビール」というビールのサブジャンルとして認められればプレミアムビールとして値ごろ感ができます。当該ジャンルを飛び出したとは、これだけ高いと、ビールではなくウイスキーやスピリッツ類として見られたというようなことです。プレミアム価格帯かジャンル違いかによってその後のマーケティング施策は全く違ったものになるので注意します。

◆ 情報フレーミングに留意する

　情報フレーミングとは、ランチで1200円のメニューを売りたいのだが、900円のメニューばかりが売れるという状況で、売れることを期待しないで1500円のメニューを加えると1200円のメニューがそこそこ売れるようになることをいいます。900円から1200円という情報フレームの上限を1500円まで広げることで、1200円が高く見えなくなるのです（松竹梅効果）。

　コンセプト・製品評価インタビューの最後に価格を提示する場合も、提示の仕方（提示する情報フレーミング）で回答が変わることに留意します。

◆ 台割れ価格効果に留意する

　台割れ価格とは「この商品の標準価格（定価）は210円です」と提示すると対象者は「あ、じゃ、実際は198円（イッキュッパ）だな」と想定することをいいます。

　価格を提示するときは、特に最寄り品の場合にはこの台割れ価格効果も考えて価格を提示することが大切です。インタビューが始まる前にクライアントにきちんと確認しておく必要があります。

◆ 最寄り品と買回り品の定性調査

　買回り品と最寄り品を厳密に区別するのは難しいのですが、何かを買

うときにネット検索するものが買回り品、ネット検索しないか、したとしても安値のチェックや懸賞応募のため程度のものは最寄り品です。最寄り品は購入頻度が高く、低価格品なのに対して買回り品は購入頻度は低く単価が高いのが一般的です。典型的な例は、醤油などの調味料などで「切れれば買う」ような日用品は最寄り品、住宅のように一生に数回しか買わない商品が買回り品です。

最寄り品の定性調査は消費者が普段意識していないことまで聞き出すことが大切です。

最寄り品の購入は無意識に行われることが多く、インタビューで語られる内容は「作話」が多く含まれています。118ページで述べた「対象者が持つ3つのアポリア」の弊害が大きくなるのが最寄り品だということです。最寄り品のモデレーションでは対象者の心理の深いところまで引き出すテクニックが必要です。最寄り品では対象者人数（サンプルサイズ）を多くすることです。同一テーマ、同じグループ特性で複数グループにインタビューするとブレが大きかった調査結果がある結論に収斂していきます。ただ、予算、日程の制約のため複数グループ実施されることはまれです[8]。

買回り品は商品を構成する要素がたくさんあるため、インタビューで評価する項目が多くなります。

最寄り品の醤油は容器・容量、味、パッケージデザイン、ブランド名、価格ぐらいしか評価項目がありませんが、買回り品の住宅は、広さ、間取り、工法、インテリア・エクステリアなど極めて多くの項目が考えられます。これらの項目を網羅的に定性調査しようとしてもインタビュー時間の制約などで不可能です。

そこで、買回り品の調査では評価項目の絞り込みのための仮説構築が重要です。たくさんある評価項目の中で選択に影響する項目は何か、項目と項目の影響度（相関関係）はどうかを事前に検討します。

---

[8] 単価の安い製品の調査予算は少ないことが多い。

◆ 定量調査結果の深掘り

　定量調査と定性調査は、相互に補完関係にあります（29ページ参照）。ある商品の使用評価の質問で、「使い心地がよい」80%、「ザラザラしている」10%、という結果があったとします。これを分析していくと

- 「使い心地がよい」とは具体的にはどんなときに感じるか
- そもそも使い心地とは何のことをいっている
- 「ザラザラしている」が少ないから、使い心地は「やわらかさ」のことをいっているのか
- 「ザラザラ」感はどこで感じているのか

などの疑問点が出てきます。

　それらの疑問点が出ることをあらかじめ想定して調査票を作ることは不可能です。ネットリサーチの対象者にあとで問い合わせることはできないので、これらの疑問を解決するために別途、定性調査を実施します。

　その場合の定性調査は、「この製品についての使い心地の意味内容を明らかにする。特にザラザラ感との関係性を明らかにする」ことが目的になります。その製品の使い心地について自由に話してもらい、「『この製品の使い心地がよい』とした人が8割もいたんです」と定量調査の結果も紹介しながら、使い心地の意味内容を深く追求します。

　さらに、「『ザラザラ感』ってどんな感覚をいうんですか？」「この製品のザラザラ感はどこから感じますか？」とザラザラ感について聞き、「ではこの製品のザラザラ感とは反対の感触は何といいますか？」の質問に［やわらかい感じ］の発言があり、「そのやわらかさを何か別の表現にできますか？」と質問を重ねれば、定量調査結果の「深掘り」ができます。

　こうすることで定性調査の、対象者の反応（回答）にその場で変更ができ、何回も繰り返し、深い質問ができるという特性が生きてきます。

◆ 定量調査設計のために

　定量調査の企画をしているとき、質問文と選択肢の作成が難しい場合があります。特に新しいジャンルで、初めて調査する場合は「何を聞いたらいいのか、どういう選択肢を用意したらいいのか」がわかりません。

　そういったときは定量調査の設計のための定性調査を行います。サンプルサイズは小さくてもいいので、その製品ジャンルのユーザーをリクルーティングします。そして、その分野では、消費者は何を手がかりに認知しているか、認知経路は、評価基準は、ブランドポジショニングは、などを定性的に捉えます。その結果から、どういった質問文がよいか、選択肢は何を提示すればよいかがわかります。

6 » インサイト発見

◆ 消費者インサイト

　インサイトとは「洞察」のことですが、消費者にとってのインサイトは一般に「商品購入にあたって消費者の背中を押す最後のひと押し」と理解されてきました。そのため、インサイト単独ではなく、消費者インサイトという言葉がよく使われます。これには、消費者が商品を買おうとしたとき、必ず購入意向を打ち消す、躊躇させる心理が働くとの仮説が前提にあります。

　買い物に限らず人の意思決定プロセスを分析すると、何らかの意思決定の瞬間に躊躇や正反対の選択の可能性を検討したりする心理が働くのは、身に覚えがあると思います。この躊躇する心理を最終的に納得させ、決断を後押しする「最後の一押し」を消費者インサイトとしていました。

　現在、そういった理解よりも何かのイベント（調査や講演・セミナー）

などに参加したときの自分なりの気づき、発見事項（「そうか、この商品を選ぶ理由は安いからだけではなく○○だったんだ」など）のほうが一般的になっています。

　古くからの消費者インサイトの例として、ハーレーダビッドソンのオートバイを買おうとした男性が「ちょっとまて、買っていいのかな」との躊躇が起きたとき「値引きしますよ」よりも「青春が完全に失われてしまう前の最後のチャンスです」とか、「ハーレーダビッドソンは社会的に成功した男にふさわしいのです」などの説得が消費者インサイトにつながるとされています。単に大きなオートバイを買うというのではなく、失なわれゆく青春、社会的に成功した男、という価値を買うことだと説得されて躊躇が打ち消され、最後に背中をひと押しされて購入に至るということです。この消費者インサイトを発見し、プロモートするのがマーケティングだということになります。

　ここから消費者インサイトの発見には定量調査よりも定性調査がふさわしいだろうことはすぐにわかります。インサイトは数値ではなく言語表現であり、今までにない、気づいていなかった表現を見つけ出すことのため、数値ではなくコトバを基礎データする定性調査が向いています。

◆ 思いもよらない気づき

　定性調査でモデレーションしたり、見学していたりすると「思いもよらない発見、気づき」がもたらされることがあります。これをインサイトといっていいと思います。

　また、ある対象者のある発言が、大げさにいうと啓示のようなものをもたらすことがあります。「われ、発見せり！」「aha！（なるほど！）」の瞬間です。インタビューの文脈もあまり関係なく、もちろん論理的でもありませんが、すべてが理解・了解されたかのような感じです。その瞬間はモデレーター自身でもうまく言語化できない場合が多く、調査後の報告会の途中で消えてしまうこともあります。しかし、これを辛抱強

く言語化していけば市場、消費者、ブランドについての新しい見方が獲得できます。もちろん、頻繁に発生することはありませんが、これこそが定性調査の醍醐味といえます。

◆ 対象者のインサイト

インサイトは調査者（調査主体）側からの視点で議論されることが多く、モデレーターや見学者が得るものとの暗黙の了解があります。ところが、対象者にもインサイトはあります。インサイトを何らかの気づき・発見と定義してインタビュー中の対象者（消費者）の心理を考えます。対象者がインタビューに出席し、いろいろ話をしたり聞いたりしていく過程で自分の認知が変更されることがあります。製品・メーカー・ブランド・使い方・評価などの外的なことの認知が変更されることはしばしば起こります。「そうだったんですね。○○さんに言われて初めて気づきました」のような発言がそれを表しています。

また、これはまれですが、内的な本人の自己認識での気づきもあります。「自分はこうだと思っていたが、案外違うかも」「ほんとはこう思っていたんだ」とまさにインサイトを得る瞬間があります。もちろんこれはインタビュー中に発言されるとは限りません。よく喋っていた対象者がある瞬間から黙り込んで考えているような場面にモデレーターは遭遇することがあります。こういうときは対象者が自己認識の変革を迫られるようなインサイトを得ていると考えて間違いありません[9]。

実際にあったことですが、健康がテーマのFGIで、運動による健康とサプリメントによる健康が違うか、同じかを話し合っていました。メタファー法（51ページ参照）で運動による健康とサプリメントによる健康を比較してもらいました。運動とサプリによる健康に分けて、それぞれを表現すると思う写真を各数枚選んでもらいます。写真は脈絡のないものばかりです。選んでもらってから、写真だけでストーリーを作ってもらって、それぞれプレゼンしてもらうという方法です。

---

[9] こういうときに、沈黙に耐える力が必要になる。リスニングを意識する必要がある。

サプリメントのプレゼンを始めた対象者が、自分で選んだ写真に納得が行かなくなり、「なぜこの写真を選んだんだろう？」と考え込みながらストーリーを作っていました。そのうち、ふと、「私ってサプリはよくないもの、と思っていたんだ！」とまさにaha!体験を宣言しました。その後のインタビューで、薄々は思っていたけどこんなにはっきりとよくないものとは思っていないと思っていた、ということでした。

　このように対象者にもインサイトはありますし、インサイトを発見できるようにモデレーションを工夫する必要があります。対象者のインサイトを語ってもらうことで定性調査の分析作業に重要な情報を与えてくれます。

◆ インサイトのためのモデレーションと分析

　FGIでインサイトにたどり着くにはどうしたらよいでしょうか。まず、インサイトを何らかの気づき・発見と定義してモデレーションを考えてみましょう。通常、インタビュースクリプト、インタビューフローに従って、対象者にアスキングし、対象者同士で議論してもらい、調査主体がわからなかったこと、疑問に思っていたことの回答を得るというプロセスの繰り返しでインタビューは進行します。しかし、これだけでは選択肢を提示しないで定量調査をすることと大差がありません。対象者に自由に発言させていることから定量調査にはない豊かな情報を得ることができますが、このままではインサイトにたどり着けません。

　実は、インサイト発見のためのモデレーションテクニックは以下のようになります。FGIならまず、特徴的な対象者を早めに見つけ出します。

　インサイトをもたらす対象者の特徴は、

- 落ち着きがない態度
- 発言に自信がなさそうだが、よく喋る
- FGIの文脈を無視した態度・発言が多い

などがあります。一見、問題のある対象者、コントロールしづらい対象者と似ています[10]（134ページ参照）。違いは思い込みが少なさそうな態度、頑固さのない発言内容です。

こういった対象者を見つけたら、その人に積極的に同調し、次の発言を促し、「おもしろい話（発想）ですね」と同調を続けて話のスパイラルを作っていくのです。そのときはインタビューフローの文脈は無視して暴走の手助けをしましょう。

その人が「エッ、皆さんそう感じません？」と他の対象者の同意を求めることがありますが、そのときもモデレーターが「そうですね。そう言われてみれば」と同調することで、流れを加速させます。そうすることでインタビューフローやインタビューの今までの文脈を越えた発見、気づきが得られることがあるのです。

ただ、これがインサイトとはいえず単なる「突拍子もない意見[11]」として排除すべきかどうかを検討するプロセスが必要です。モデレーターが新しい発見、気づきを他の対象者にわかりやすいように説明して「皆さんはそういうことはないのか？」と確認します。全員に「そんなことない」と否定されてしまえば、それはインサイトとはいえません。ひとりでも「言われてみれば」という態度の人がいたら、その話をもう少し議論していきます。

インタビューを見学する人にも上記のようなインサイト発見の方法があります。見学者は、インタビューに介入することができませんので、インサイトを得る方法は受け身になります。まず、注目すべき対象者を選ぶことは同じです。次に注目すべき発言（コトバ）を見つけます。これを選ぶ方法に定型はありません。今回の調査目的を自分の経験・知識に合わせて自分なりの仮説を作っておくことが重要です。そして、キーワードと関連すると考えられるワードをつなげてネットワーク図のようなものを作ります。それを見て分析すれば、インサイトにつながる発見・

---

[10] 好き嫌いで判断してしまうと、貴重なインサイトの機会を見逃すことになりかねない。苦手なタイプであっても、まずは対象者を好きになるようつとめるのがよい。
[11] 全員がそんなことはないと思っても、モデレーターが納得するケースもあるが、その場合ももちろん採用する。

気づきが得られます。

　どちらも当のインタビューのフローや文脈と一時的に離れることが大切です。いわば、**鳥の視点**[12] **を持ってインタビュー全体を見渡す態度を持つこと**が重要です。

7 ≫ ペルソナ

◆ ペルソナとは

　マーケティングのSTPは、セグメンテーションで対象を大きく括り、ターゲティングでもう1段階絞り込みます。さらにポジショニングで当のブランドの相対的位置関係を確定します。このポジショニング図の当該ブランドをポジショニング空間から飛び出させて、**典型的なユーザーとして具体的な特徴を表した人がペルソナです**。

　ポジショニング分析で行われるのは、プロファイリングです。プロファイリングとは、デモ特性、行動・心理特性、経済的特性などで当該ブランドのターゲット像を描き出すことです。具体的には、「都会に住んでいる40代前半の会社員で、妻と子供と生活している年収600万～900万円の男性」のような表現になります。このターゲットに向けて種々のマーケティング施策を実施していくことになります。

　通常のマーケティング施策の立案・実施・評価はこのプロファイリングに基づいていれば問題ないのですが、ときとしてこのプロファイリングだけではターゲットイメージがうまくつかめない場面が出てきます。

　特に広告作品制作やパッケージデザインなどクリエイティブがからむ作業では、プロファイリングについて「甘い」「あいまい」「よくわからない」とのクレームがクリエイターから出てきます。クリエイティブの仕事はもっと生き生きと生活している具体的な「個人」に向けて作品作

12　全体を俯瞰する視点。

りをする仕事です。先のプロファイルも、

- 都会といっても都心なのか、郊外なのか
- 40代といっても40歳と49歳では大きく違う
- 会社員も具体的にどんな仕事（営業、SE、課長、他）をしているかでイメージは大きく違う
- 奥さんは働いているのか専業主婦か
- 子供は何人で性別、年齢は？
- 年収も600万と900万では差が大きい

など具体的イメージを掴むには情報の絞り込みが不足しています。ターゲティングは平均値、最頻値、中央値などの統計数値に基づいて客観的に行われるので、クリエイターの創造性を刺激するのは困難です。

そこで、ターゲットプロファイリングを一歩先に進めてターゲットを典型的な人、「今そこに生きて生活している人」として描き直します。これが、ペルソナです。

- 東京三鷹駅から徒歩20分のところに1戸建てを建てた44歳男性
- 丸の内の○○保険の保険サービス課の課長。年収950万
- 10年前に社内結婚、子供は2歳の女の子ひとり
- 奥さんは結婚以来専業主婦

ここまで描き込んでマーケティング関連メンバー全員で合意を得ておくことで、広告作品から販促パンフレット、HPのデザインまで統一が取れたコンセプトテイストで作り出せます。おおまかなプロファイリングのままで作業を進めると、広告とHPのデザインテイストが合わなくて統一イメージが作れないなどのリスクが大きいのです。

ペルソナはあくまでもマーケティング部内で生きています。基本的に外部に出ることはありません。ここがキャラクターやマスコットとの違いです。キャラクターは内部より外部に向けたもので、そのものがある

人格的な個性を持ち、いろいろな行動・活動を行います。したがって、キャラクターはある商品・ブランドの認知や好感度アップのために使われるよりも、キャラクターそのものがブランドになることが多くなります。その点で、ペルソナは外に出ないし、ペルソナそのものがブランド化することはありません。クリエイティブの拠り所、社内メンバーの意思統一の基準として社内で使われます。

ペルソナ開発ではペルソナのイラストなども必要です。人物像を彷彿とさせることが重要です。

◆ ペルソナの効用

ペルソナは、製品開発でその効用を発揮します。以下に例をあげます。

経理関連のシステムの導入を決めた会社がシステム会社に自社用にカスタマイズすることを要求したとします。システム会社は経理システムを使うことのある全社員にアンケート調査を行い、主要な人にはインタビューして当該システムへの要求項目を洗いだし、分析・整理してカスタマイズを始めます。経理システムへのアクセス頻度の統計では、1日3回程度の経理部長からほぼ終日アクセスしっぱなしの経理部員まで大きなばらつきがありました。ヒアリング結果と突き合わせると経理部長の要求と経理部員の要求が反対方向を向いていることがわかりました。これをどう調整するか検討が始まります。

- アクセス頻度は平均値を採用しよう（統計的判断）
- 部長の要求を優先しよう（社内政治考慮）

との結論が出ます。

しかし、平均値でアクセスするような人は社内にひとりもいないかもしれないので、存在しない人のためのシステムになる危険がある、1日数回しか触らない部長の要求を採用したらシステム全体のパフォーマンスが下がる、などの問題点が指摘されます。平均値や社内政治はシステ

ムのパフォーマンスとは関係ないということです。

　そこで、当システムのペルソナを作ろうとなり、データを読み直し、もう一度インタビューをした結果、入社3年目の経理課員をペルソナにしました。

　そのペルソナの要求[13]だけを聞いて作業を進めた結果、誰からもクレームの出ないカスタマイズができました。複雑で多岐に渡る要求項目をAIを使って最適解を見つけることも可能でしょうが、ペルソナが的確に作成されればAIのパフォーマンスを超えるかもしれません。

　もうひとつの効能として、開発プロセスにおいてメンバーの意思統一をしやすくなることがあげられます。製品開発ではコンセプトから最終広告案までたくさんのものを開発します。コンセプトに関しては開発メンバー全員が同意していても、パッケージデザインやパンフレット作り、HPのデザインなどでメンバー間の意見の対立がしばしば起こります。そのときに無駄な議論をしないためにコンセプト開発と同時にターゲットのペルソナを作っておきます。そうすれば、意見対立が収拾できない場面でも「ペルソナだったら、どっちを選ぶだろう」とペルソナに判断してもらうことで、対立していた両者がともに納得できる解決策が提案できます。崩れかかったメンバー間の信頼関係をとりもどすことができ、開発もスムースに進行します。

◆ **ペルソナの作り方**

　ペルソナを作る方法はいくつかあります。最も簡単な方法はメンバーが集まって議論しながらペルソナを決めていくやり方です。反対に最もおおがかりな方法は、定量調査、定性調査をすべて使ってペルソナを作っていく方法です。

　ペルソナは、簡単に作ろうと手間暇かけて作ろうと「使える」ことが大切です。そのためには、

---

[13] 当然だが、ペルソナの要求は自動的には出てこない。ペルソナの行動と価値観から分析者が導き出す。

- ペルソナを使う目的
- 使う範囲、使う期間
- 使い方

を決めることです。

　次年度の新製品開発のためか、次期キャンペーンの制作物のためかなど、目的についてメンバーの間で合意をとります。さらに今回の新製品の開発期間だけのペルソナか、発売後も使い続けるペルソナか、などを決めます。秋のキャンペーンの制作物のペルソナなら、秋のキャンペーンが終わればペルソナの役割も終わると考えます。

　また、使い方も決めておきます。デザイナーや広告会社へのブリーフィングのために使うのか、自分たち開発チームの指針として使うのかを決めておかないと、ペルソナが独り歩きしてしまう弊害、作っただけで誰も使おうとしない弊害のいずれかが出てきます。

　ペルソナ作りの典型的なステップは以下のとおりです。

①定量調査で全体マーケットサイズを予測・確定する
②クラスター分析でクラスターのプロファイリングを行う
③ターゲットクラスターからリクルーティングしてFGIを行う
④FGIの対象者の中からペルソナ候補を何人かピックアップする
⑤ペルソナ候補に1on1インタビューを行う
⑥できれば行動観察、ホームビジットを行う

　以上からペルソナを作り、必要ならターゲットにもう一度1on1インタビューを実施します（このとき、完成途中のペルソナシートを対象者に提示することもあります）。最後にそれらのデータを持ち寄ってペルソナを完成させます。

　FGI対象の中からペルソナ候補を選び出すポイントは、

- 当該商品ジャンルへの関与度が非常に高い人
- 言語表現能力があり、人として魅力を感じられる人

があります。ただ担当者の直感を重視したほうがいいことも多くあります。

1on1インタビューの留意点は、

- 製品（商品）の話だけでなく、日常生活について詳しく聞く
- 可能なら、参与観察（40ページ参照）させてもらう
- （これも可能なら）他の家族、友人にもインタビューする

などです。商品ジャンルによっては家族・友人までインタビューしないと「生きているペルソナ」が描けない場合もあります。

ペルソナの原型ができたらプレゼンを行って、メンバーの意見を聞きます。これも数回繰り返してペルソナをブラッシュアップしていきます。

最終的にペルソナを作るときの注意点は、以下の通りです。

- 完璧なプロファイリングよりも「個性」を重視する
- 生きて動くような動的なペルソナにする
- 当該ジャンルの価値観や日常生活の価値観まで記述する
- ペルソナの完成度より、使いやすさを目指す

◆ ペルソナのシナリオ作り

ペルソナのプロファイルを記述したものを「ペルソナシート」といいます。シートのトップにペルソナのニックネームを書いておきます。メンバー間で「ペルソナ」と呼び合うより、「○○ちゃん」とか「△△さん」と呼びあったほうが、親近感が増して共感性が高くなります。

ペルソナによっては、生活シーンのイラストとか、肖像写真をペルソナシートに載せることがあります。

ペルソナシートだけでは、ペルソナに動きはありません。ペルソナシートだけでも使えますが、さらにアクティビティシナリオとバリューシナリオを作ることがあります。

　例えば、テーマがクルマの場合、クルマに関するペルソナの行動シナリオを書きます。同時にその行動にどういった価値観を持つかというバリューシナリオを作ります。「週日は朝、夫を駅まで送るためにクルマに乗る。この送迎で、専業主婦でありながら夫の仕事を手伝う気持ちになれて、満足感につながる。でも、運転は正直楽しくない」「月水金は長男のスイミングスクールの送り迎え、クルマの中で長男と話ができるのがうれしい。エンジン音が静かな車にしてよかった」「週末は必ず小さなドライブに親子3人で出かける。夫の運転で助手席に座ると自分が運転しているときよりリラックスできるのでインテリアに気が向く。カーナビを助手席からいじろうとするとスイッチがわかりづらい。運転しながらカーナビを操作するのは危険だから、助手席優先モードがあればよい。家族3人のドライブもいつまでできるか」

　以上がバリューシナリオとアクティビティシナリオになります。この2つは厳密に分ける必要はありません。「朝、駅までクルマで夫を送る」がアクティビティ（使い方）で、「そのことで夫の仕事を手伝う気分になって満足感を得る」がバリュー（価値観）になります。

　アクティビティシナリオ、バリューシナリオはペルソナシートよりもフレキシブルに書いておきます[14]。

　また、ペルソナへの誤解として、1on1インタビューで対象にした人をそのままペルソナにすればよいというものがあります。そうではなく、具体的ではあるが、あくまでも架空の人物像をペルソナとします。

14　バリューはいろいろなことを縛るので、ゆるめに書く。

8 カスタマージャーニー

◆ 消費行動を旅行と捉える

　カスタマージャーニーという概念があります。**消費者がある商品・ブランドを購入するまでの購入喚起、探索、比較検討、購入、購入後の情報発信までをひとつの旅行と考え、それをカスタマージャーニーといい、順番に記述したものをカスタマージャーニーマップといいます。**

　この概念は、消費行動に Web が活用されるようになり、それまで直線的だった購入行動が複線化してきたので、それを全て把握しないとマーケティングができなくなったという状況から生まれました。終章で紹介する AISAS モデルの発展形を詳しく記述したものに近いといえます。

　カスタマージャーニー（旅程）の各ステージを「タッチポイント（接触場面）」「顧客の行動」「顧客の態度・感情」の3つの要素で分解して考えていきます。そして、

- 各タッチポイントでのコミュニケーションを最適化し、
- 態度変容（自社ブランドを選んでもらう）を促して
- 最終的に購入してもらい、
- さらに自社ブランドにとってよい情報発信をしてもらい、
- 他の消費者の新規購入と本人のリピート購入を促進する

というプロセスが生まれるようにマーケティング施策を実施するのが、カスタマージャーニーの意味と目的です。

◆ 冷蔵庫買い換えのカスタマージャーニー

　カスタマージャーニーは、製品ジャンルごとに旅程（ステージ）に特

徴があります。自家用車の購入カスタマージャーニーと美容サロンを探すカスタマージャーニーとでは大きく違ってきます。今回は、冷蔵庫の買い替えの事例で説明します。

① **カスタマージャーニーのスタート地点**
とある家庭で、冷蔵庫の冷えが悪くなった。

② **認知、意識化ステージ**
妻が冷蔵庫の冷えが悪いことに気づき、まず、その日の夜、仕事から帰ってきた夫に「どうしようか？」と相談する。夫が冷蔵庫を開けて確認すると、「確かに冷えが悪そうだ、これは買い換えかな？　この冷蔵庫、買ってから何年経った？」などの夫婦の会話で買い換えが具体的な行動目標として意識化される。

このステージに特化したマーケティング施策は基本的にありません。夫婦の会話に入る手段がないからです。
しかし、この段階で夫婦ともに冷蔵庫のテレビCMやポスティングされる量販店のチラシに注目するようになるはずです。そういうときに目に留まるように、日常的なマーケティング施策が重要ということになります。

③ **情報収集ステージ**
冷蔵庫の買い換えの意思決定が夫婦で合意されたので、「どんな冷蔵庫にしようか」と情報収集が始まる。リビングのパソコンを立ち上げ、まず、この間、洗濯機を買った近くの量販店のHPを見る。冷蔵庫のページを開くといろいろな機能のついた冷蔵庫があることがわかった。値段をチェックしつつ、どんな冷蔵庫がいいだろうと画面をスクロールしながら情報収集する。

その日、ママ友とランチの約束があったので近所のレストランで会い、仲良し4人組で楽しく会話しているときに「ウチの冷蔵庫壊れちゃった」というと3人それぞれが自宅の冷蔵庫がどんなものか話してくれた。大きさや野菜室の使い方、使う機能、使わない機能があるという話から自分の買いたい冷蔵庫のイメージが浮かんできた。夫が仕事帰りに量販店に寄ってカタログを抱えて帰ってきたので、夕食後、パソコンを見たり、カタログを見たりしながらいろいろ話す。

　このステージでのマーケティング施策の提案は、自社HPよりも量販店のHPでの訴求を工夫することや、冷蔵庫のいろいろな機能の利用度、満足度のデータを載せること、家電量販店に置くカタログの表現を工夫することなどでしょう。

④　比較・検討ステージ

　そうこうしていると、冷蔵庫の冷えがますます悪くなってきたので少し急いで購入しようということになり、今度の土曜日に近くの量販店に行くことになった。それまでに自宅のパソコンで価格.comをよく開いて、価格と機能とメーカーで候補を絞り込み、量販店のサイトで在庫確認という作業が続く。量販店のポイントアプリを開いて「メルマガを許可」にして、外出時はスマホでも検索し始める。

　土曜日に夫婦で量販店に行き、店員さんにいろいろ質問する。評判のよい機能は何か、よく売れてるブランドは、アフターケアはどうか、最終的にはいくら値引くかまで聞いて、頭がいっぱいになったので、その日は買わずに帰ってくる。帰りのクルマに乗っているときに、量販店の店員からショートメールで値引き額の再提案があった。

　この比較・検討ステージでのマーケティング施策提案は、量販店の店員教育は重要であるということ、価格.comでのSEO[15]も検討したい、

15　SEOとは、"Search Engine Optimization"の略であり、検索エンジン最適化を意味する言葉である。検索結果でWebサイトがより多く露出されるために行う一連の取り組みのことを"SEO対策"と呼ぶ。

スマホサイトも充実させたほうがよい、などが考えられます。

⑤　**購入ステージ**

　翌日、日曜日は夫がゴルフだったので自分一人で量販店に出かける。店に入る前にスマホで貯まっているポイント数を確認して、昨夜、夫と相談して買う機種は決めておいたが、一応冷蔵庫売り場を一周してから、昨日の店員を呼んでもらって購入手続きをする。壊れた冷蔵庫の無料引き取りなど、いろいろなサービスをつけてくれたので満足し、すぐに配送してくれるとのことで安心する。

　このステージから考えられることは、スマホでのキャンペーンは有効であるということ、最後に売り場を一周する理由を詳しく知る必要がある、などです。

⑥　**情報発信ステージ**

　購入日の夕方には新しい冷蔵庫が配送され、セットをしてくれた上で、壊れた冷蔵庫は回収してくれた。無事に新しい冷蔵庫が使えるようになり、夕方、夫も帰ってきて楽しい、美味しい夕飯になった。夜、寝る前に意味はないが、量販店のHPを見て「よしよし」と満足感を味わった。写真を撮ってあったのでインスタにアップしてみた。1週間後にメーカーと量販店両方からアンケートのメールが来たが、もう熱が冷めていて無視してしまった。謝礼もチャチなものだったし、「いいかな」という印象。

　このステージから考えられることは、消費者に情報発信してもらうキャンペーンは早めにする、インスタにコメントもつけてもらえる方策を検討する、などが考えられます。

◆ カスタマージャーニーマップの作成

カスタマージャーニーマップ（図表5-3）は机上で想像しながらでも作成できますが、やはりリサーチに基づいて作ったほうが、有効性が高くなります。コグニティブインタビュー（認知面接法、64ページ参照）はカスタマージャーニーマップを書くための最適なインタビュー法です。

図表5-3 冷蔵庫買い替えのカスタマージャーニーマップ

旅程（ステージ）		きっかけ	認知・意識化	情報収集（好みの絞り込み）	比較・検討（候補をあげる）	購入	情報発信
接点（タッチポイント）	シーン	自宅のキッチン	自宅のリビング	自宅のリビング、レストラン	自宅のリビング、量販店店頭	量販店店頭	自宅
	デバイス		テレビ、会話	パソコン、会話	パソコン、スマホ	スマホ、店員	スマホ
	チャネル		テレビCM、折込チラシ	量販店のサイト、カタログ、リアル口コミ	量販店のサイト、価格comカタログ、店員	スマホサイト	インスタ
顧客の行動		冷蔵庫の冷えが悪いと気づく	CMやチラシに注目する、夫に相談	ネット検索、ママ友と相談・雑談、夫と検討・相談	店頭に行く候補を挙げて相談しながら絞るポイントを確かめる	いつもの量販店に行く	インスタにアップ
顧客の態度・感情		壊れそうだから、早く買換えないと	夫と冷蔵庫を確認、買い換えの意思決定	いろいろな機能が付いてるたくさんあるから絞り込まう、使える機能は何か	買いたい冷蔵庫のイメージができる。安くていいものを買いたい	満足、安心・安堵	教えたい、自慢したい

Column 5
エピソード記憶と意味記憶

　マーケティングリサーチは、その大部分が、人々の「記憶」をリサーチしていると言っても過言ではありません。インタビュー調査に参加する対象者も「いつ、どこで、何を、いくらで買ったか」「そのときの気分はどうだったか」と記憶をたどることで回答します。ここでは記憶でも特にエピソード記憶と意味記憶について考えてみます。

　簡単にいうと、エピソード記憶は体験を伴って記憶されたもの、意味記憶は知識として獲得された記憶ということです。「夏のバイト帰り、居酒屋で初めて飲んだスーパードライの爽快感」とともに想起されるスーパードライというブランド名の記憶と「コクとキレをコンセプトにビール市場でシェア逆転劇を演じた」という新聞記事などから想起されるものとでは、その意味が大きく違うだろうことはすぐにわかります。

　エピソード記憶はそのときの「情動」とセットで記憶されるので、ブランド選択の場面で意味記憶よりも強い「購入促進力」を持ちます。したがって、リサーチでもスーパードライを知っているかどうかよりも「買って飲んでみたとき、どんな印象評価だったか」を含めて知っているかどうかが重要になります。そして、エピソード記憶を調査することを得意とするのが定性調査なのです。ポイントは以下のとおりです。

- 両者は厳密に区別できないことがある
- エピソード記憶は意味記憶に転化するが、その逆はない
- 意味記憶にも購入促進機能はある（広告でブランド名を記憶し、店頭で買う＝ AIDMA 理論そのもの）
- 広告ではエピソード記憶は作れない
- エピソード記憶はインタビューによって全体像が把握できる

第6章
ネット活用の定性調査

- インターネットは、ますます強力に全世界を結びつけています。この便利なネットワークを定性調査でも使えるのではないかと、いろいろな試みがなされています。
- この章では、インターネットの特性と定性調査の特性を考えながら、定性調査にネットを活用する方法や考え方を紹介します。

1 » インターネットと定性調査のリテラシー

◆ 定性調査が求める対象者のリテラシー

　インターネットにアクセスするためにはパソコンやスマホなどの機器が必要です。そして、これらの機器を操作するには特定のリテラシーが必要です。リテラシーとは、コミュニケーションや自己表現のための手段（媒体）の操作方法の能力・習熟程度のことだと定義できます。

　我々人類だけが「複雑な言語」を使います。この言語の表現手法は、大きく会話（発話）と書くこと（書記）に分けられます。そして、発話リテラシーは成長過程で自然に習得されます。赤ちゃんはコトバを聞いて、しゃべる（発話）ことで母語の言語体系を習得します。

　一方の書記リテラシー（文章を書く）は学校教育を含む「教育」を受けないと習得できません。したがって、一般的には発話リテラシーのほうが、書記リテラシーよりも一般性が高い（誰でもできる）のです。おしゃべり（会話・発話）は得意だが文章を書くこと（書記）は苦手という人が多いのです（もちろん、個人差が大きいので、しゃべるよりも書くほうが得意という人もたくさんいます）。インタビュー調査は発話リテラシーを対象者に要求しています（行動観察は対象者に要求するリテラシーはありません。日常どおりに行動してもらえばいいのです）。イ

ンタビューでの発話リテラシーとは、相手（モデレーター）の発言を理解し、それに対して自分の意見や感情を発話（発言）する能力です。さらに会話のキャッチボールにもこのリテラシーが必要とされます。インタビューで書記（文章を書く）リテラシーを求められることは少なく、インタビューの事前アンケートの記入など限定的です。

あるコンセプトを提示されて「どうですか？」と聞かれ、「なぜ、どこからそう思いますか？」と質問されていけば、ほとんどの人は、会話していく中で提示されたコンセプトの評価とその理由をモデレーターや他の対象者に伝えることができます。

一方、「このコンセプトの評価とその理由を記述してください」と言われて紙と鉛筆を渡されたら、ほとんどの対象者は「書けない、難しい」と不満を言い、書き始めるのにかなりの時間がかかり、書く内容も対象者によって大きな差が出ることが簡単に想像できます。

◆ インターネットが要求するリテラシーの変化

インターネットはまずパソコンで普及したため、入力はキーボードで行います。キーボードの操作にはある程度の訓練・熟練期間が必要です。特に日本（語）では英語と違ってタイプライターが一般的でなかった（和文タイプは専門職だった）のでキーボードリテラシーがインターネット参加への障壁になった時代もあったのです。

その後、インターネットへの入力がスマホに変わって、今度はフリックの入力リテラシーが求められるようになっています。フリック入力はキーボードのような大きな機器がないので、訓練・習熟に時間はかからないと思います。

そして、最近は音声入力の精度が高くなって、機械と会話に近いやり取りができるようになりました。このようにインターネットが要求するリテラシーが変化してきました。

2 ›› Skypeで定性調査

◆ **離れていてもできるインタビュー調査**

　インターネットを活用した定性調査に、Skypeなど電話会議システムを活用したインタビュー調査があります。マーケティングリサーチの伝統的な方法の「電話調査」に動画がつくことで、フェイストゥフェイスに近いインタビュー調査が可能になりました。

　動画なし時代の電話でもインタビュー調査は可能でしたが、声（音声）だけだとインタビューの臨場感が得られなかったのです。この臨場感は「場の共有」といわれます。「場の共有」があることで非言語コミュニケーションが使えます。また、フェイストゥフェイスのインタビューに限りなく近づくことができます。

　電話会議システムを使ったインタビュー調査の利点は、遠距離の対象者と1on1インタビューができる点です。対象者が全国に散らばっていたり、外国に住んでいたりしてもインタビューできます。企画段階で対象者が遠距離に散らばることが予想できれば、最初から電話会議システムを使ったインタビューを企画します。

　電話会議システムを使ったインタビューの留意点は以下のようになります。

- 開始前に接続状況のテストを必ず行う
- カメラを見ながら話す
- リアルな面談ではないので、相手の気分・感情の動きを注意深く観察する
- 相手がひとりであることの確認（家族が入り込むことがある）

　特に留意すべき点は、機器の性能がよくなったとはいえ、モデレーター

も対象者も「同じ場を共有」している感覚をまだ十分に持てません。会話が形式的になり、対象者に入り込んで共感的理解を得るのが難しくなります。そういった困難を抱えたモデレーションであることを自覚して実施します。

◆ ホームビジットでの Skype 活用

ホームビジット（45ページ参照）に Skype を使って行うこともあります。ホームビジットの特性は対象者がアウェイではなくホーム感を持って話してくれることと、生活の現場が観察できることです。Skype はカメラ（動画）を同時に送ってくれるので「使っている現場や環境」は対象者にそちらにカメラを向けてもらって撮影します（製品の使用場面はカメラの前で使ってもらいます）。Skype の使用でホームビジットのデメリットである対象者宅に出かけていく時間と費用が大幅に合理化ができます。

また、Skype を使ったホームビジットの問題点は、

- 商品によってはカメラの前で使えない（観察できない）ものがある
- 個人情報の問題が発生しやすいので、事前に対象者の理解・了解を得ておく必要がある

の2点です。

現在の Skype では FGI を実施することはできません。対象者とモデレータとの双方向コミュニケーションはできますが、対象者間のリアルタイムコミュニケーションができないのでグループ形成ができません。

3 ▸▸ MROC®という手法

◆ オンライン上のリサーチコミュニティ

MROC®(Marketing Research Online Community：エムロック)[2]という手法があります。これは、オンライン上にリサーチのコミュニティ(掲示板)を作ってその中でFGIを行うものです。

MROC®に参加してもらいたい対象者に専用掲示板のパスワードを送って、ログインしてもらいます。モデレーターがテーマ(質問など)を提示するとそれへの回答・返答が参加者から書き込まれます。そこで通常のFGIのような議論が発生し、収束すると次のテーマがモデレーターから提示されるという繰り返しで進んで行きます。一定期間でサイトを閉め、発言録を元に分析して報告書を作成します。

一箇所に集まって会話(発話リテラシー)によって進行するFGIと違って、対象者は自宅(遠隔地)にいて書き込み(書記リテラシー)で参加します。スマホに対応しておけば、いつでもどこでも参加できることになりますし、イベント会場などでリアルタイムに近いFGIも可能です。

MROC®のメリットは、

- ネット環境があればどこからでも参加できる
- 時間制約がなくいつでも書き込める
- 匿名性が保てるのでプライバシーにかかわるテーマでも可能

の3点です。

逆に、デメリットは、

- 対象者の書き込み頻度が急激に落ち込む
- いつ書き込みがあっても反応できるようにモデレーターが待機する

---

2 株式会社エムロックジャパンの登録商標

必要がある
- 同じ空間を共有しないので、「場の共有」というFGIのメリットがない
- 求めるリテラシーが発話リテラシーではなく書記リテラシーなので、対象者の個人差（格差）が大きい

の4点です。

◆ MROC®の活用方法

MROC®の活用方法としては、**①ロイヤルユーザーを集めてファンサイトを作る**、**②対象者の態度変容を長期間観察する**、などが考えられます。あるブランドのファンサイトとして運営すると、ファン同士の濃密な書き込みがたくさん得られます。その書き込みを分析したり、提案への反応を探ることで、新しい効果的なキャンペーンのアイディアやよりマニアックな新製品のヒントが得られたりします。

そしてもうひとつの活用方法は、**MROC®をリサーチの固定パネルとして使う方法**です。マーケティング的には非常に長期間といえる1〜2年のレンジで施策とその効果測定に使ったり、長い期間の態度変容を分析したりすることができます。

ファンサイトであれば対象者・参加者の参加意欲を維持するのは難しいことではありませんが、固定パネルとして運営する場合、長期間参加してもらう対象者のインセンティブの作り方はそう簡単な問題ではありません。

今後、スマホの影響によりフリック入力で書くほうが人前で話すよりも得意だという人が増えてくれば、MROC®にブレイクスルーが起きるかもしれません。例えば、①スマホを使って同じイベントに参加する人たちのMROC®、②商品サンプリング時のクイックMROC®など、今までのマーケティングリサーチの殻を破るような手法が出てくるかもし

れません。

4 » Webサイトの評価を定性調査で

　Webサイト（ECサイト）の作成・運営側は、日々サイトの改良に力を注いでいます。A/Bテスト[3]を繰り返しながら改良を加え、「購入」をクリックしてもらえる確率を少しでも高くできるようなページ作りに励んでいます。

　このA/Bテストは基本的に定量的分析（ビッグデータ分析）だと言えます。こうしたほうがよい、ということはわかっても、どうしてそのほうがよいのか、まではわかりにくいのが実情です。そこで、定性調査の出番です。Web消費に定性調査でアプローチする場合は、

- ECサイトのユーザビリティ
- Web消費の心理的背景（店舗消費との違い）

の2つが主なテーマになります。定性調査でECサイトのユーザビリティを測定する場合は「このサイトの中で買いたいものを決めて、購入ボタンを押す寸前まで操作してください」などとタスクを与えて自由に操作させます。そして操作が終わったあとで、操作画面を再生しながらインタビューするという流れです。

　なぜ後からのインタビューになるかと言うと、画面操作は無意識かつスピーディに行われるものなので、操作中に説明してもらうと自然な状態ではなくなってしまうからです。しかし、操作が終わってからでは、今度はいつどこを見ていたか、対象者もモデレーターもわからなくなってしまいます。そこで、操作画面を録画しておいて、再生しながらインタビューするようにします。

　今後は、Web消費の一般的研究、Web消費と店舗消費の違い、なぜ

---

[3] サイト画面を2画面つくって比較すること。

Webで購入するのか、Web消費での認知から購入までの心理プロセスなどをリアル店舗のそれと比較する定性調査の必要があります。

Column 6
情報検索無限大時代の意思決定

　東京に出てきて5年目の独身男性のインタビュー。

　就職で出てきたので、会社の近くにアパートを借りた。引っ越しは考えたことはなかったが、最近、生活がマンネリで変化が必要と感じていて、会社を変えるのは大変だから、住まいを変えてみようと思い立った。

　早速、Webで住みたい街ランキングを参考に街を決めようとした。3候補の街をあげて、通勤距離・時間、乗り換え、終電時間などをWeb検索で調べ始めた。自分の頭の中がいっぱいになったので、エクセルで比較表を作った。相場も入れて比較検討し候補の物件、不動産屋名を入れていったら膨大なエクセル表になった。「とりあえず」と思って、1軒の不動産屋さんに電話したら、当の物件はすでに契約済みで、もっといい物件があるから是非、来店くださいと言われ、めんどうだから断った。改めて各社のサイトとエクセルの物件をマッチングしてみたら、ほとんどが消えてしまった。

　もう一度比較表を作ってみたが、もう「やる気」はなくなった。しかたなく住み替えは諦めて契約更新した。次に引っ越しを考えたら、街の不動産屋に飛び込んで即断するつもり。

　情報検索が無料で無限にできるようになったこのWeb時代。情報を収集しすぎると意思決定ができなくなるという体験をしている消費者はあちこちにいそうです。

　Webでのリコメンデーションは「あなたにピッタリの物件（商品）」を2つか3つ提示することではないでしょうか。3つの中からひとつ選べることで「自分で選んだ感」が満たされて、比較検討のめんどうから解放されます。

終　章

これからの定性調査の可能性

- Webは定量調査に「ネットリサーチ」という地殻変動を起こしました。定性調査は、対面のインタビューが中心ですからWebの影響は小さいですが、定性調査が分析しようとする消費生活、消費行動はWebの影響で大きな地殻変動が起きています。
- この章ではWeb社会の進展の中で定性調査がどうなっていくかを記述します。

1 » Webによる消費行動の変化

◆ インターネットの衝撃

　1995年のWindows95によってそれまでビジネス用途が主流だったインターネットが急速に家庭内に普及し、消費行動に影響を与えました。特に、商品情報を消費者側から能動的に取れるようになったことと、ネット通販が便利になったことが大きなインパクトでした。

　ネットが普及する前、消費者は商品情報の取得は基本的に受け身でした。メーカー・流通が発信する情報をテレビなどのマス媒体と店頭陳列、チラシ広告などを通して受け取っていました。能動的に情報収集しようとするとなると、カタログ請求したり、電話で問い合せしたり、非常に面倒でした。それがインターネットの普及によって、家にいながら、商品やサービスの情報が無料で得られるようになったのです。さらに、個別メーカーのホームページ(HP)をいちいち見なくても、ほとんどのメーカーの商品が比較されているサイトも出てきて、消費者主導の選択行動ができるようになりました。また、SNSなどでユーザーの商品の評価情報を受信したり、発信したりすることも可能になりました。

　このようなWebの消費生活への浸透によって、いわゆるコンシュー

マー・ジェネレイテッド・マーケティング（CGM）が可能になってきました。すなわち、受け身だった消費者が、積極的・能動的に市場に働きかけられるようになったのです。今ではブログやSNSで商品や店舗について積極的に情報を発信したり、受信したりすることができます。

　通信販売はネットの普及前からありましたが、かなり面倒でした。さらに、注文から配達まで時間がかかっていたので、注文したときの高揚感が完全に冷めたころに商品が届くというミスマッチが発生していました。初期のネット通販は注文がWeb経由になっただけという印象でしたが、Web側の技術開発とノウハウの蓄積で画期的に便利になりました。具体的には、ECサイトの品揃えと比較検討を含む検索機能が向上したこと、商品発送システムの改善などが便利さをもたらしています。

　例えばAmazonは書籍のネット通販で始まりましたが、今ではあらゆる商品・サービスを扱っています。また、価格.comのような比較サイトが出てきていますし、サイト内の検索機能の性能も向上しています（あいまい検索でも正しいワードのリコメンドがでる）。商品が1個でも配送してくれるうえ、配送期間も短くなってきています[1]。

◆ 激変した消費行動

　ネット通販は日常使うあらゆる商品で使われるようになっています。特に、情報商品（音楽コンテンツなど）はネット通販向き（モノを運ばずにネットからダウンロードしてネット決済）で、店舗購入はなくなりつつあります。しかし、モノとしてある商品には必ず、運送業者が介在します。この流通部分の改革が進めば、ネット通販はもっと普及すると考えられます。この物流課題は、自動運転技術とドローンによってクリアされると言われています。

◆ リアル店舗とネット通販での買物

　このように、Webの家庭内浸透によって買い物行動は大きく変わり

---

[1] とはいえ、配送料の値上げの問題も出てきている。

ました。そのため、マーケティングリサーチにはこの買い物時の情報探索、比較検討、意思決定、使用後の評価などを解明することが求められています（171ページ参照）。現状では、リアル店舗とネット通販、両方を使用している人が多い状況です。

　そこで、リアル店舗とネット通販での買い物の基本的な違いを整理しました（図表終-1）。少し古い概念ですが「エボークトセット」というものがあります。意訳すると「ブランド選択される候補の集まり」です。消費者個人がそれぞれエボークトセットを持っていて、その中に入れないブランドは選択されない（買われない）というものです。テレビCMを大量投下して多くの人が知るところになっても、「知っている」と「買ってもいい」の間には、マーケティング的に大きな距離があります。

　この概念は、リアル店舗での買い物行動を前提としたものです。店頭では売り場担当者がこのエボークトセットを考慮して棚割りを行いま

図表 終-1　リアル店舗とネット通販

	リアル店舗	ネット通販
陳列棚	ある	ない
陳列商品数	棚のフェイス数	ほぼ無限
商品の一覧性	店舗、棚で一覧	一覧不能 （スクロールで無限）
比較検討範囲	棚と自分の知識のみ	スクロールで無限
商品情報	限定的 （パッケージ、POP）	深く広く探索できる （商品開発物語）
リコメンド	広告、POP	個人別カスタマイズ
口コミ、評判	ほとんどない	豊富な口コミ情報
買物時間・行動	開店時間・移動距離	24時間いつでも
商品取得	即時	タイムラグ（配達）

す。その棚割りと買い物客のセットが近ければ近いほど売上があがる上、買い物客はストレスを感じずにスムーズに買い物ができるのです。

しかし、ネット通販では、エボークトセットの概念は必ずしも当てはまりません。ネット通販にはリアルの商品陳列棚がないからです。買い物客がスクロールや画面切り替え、検索をしながら自分で好きなものを選んでいきます。そのためネット通販では、商品陳列数（品揃え）に限界がありません[2]。比較検討範囲も原理的に無限に広がりますが、リアル店舗では棚のフェイス数、店舗の棚の数に限度があります。この限度は棚を一覧できることを意味していて、購入できる商品の候補を一覧することができます。ネット通販にはこの「一覧性」はありません。

また、興味があるブランドの情報集めでしたら、圧倒的にネット通販が勝ります。商品個別の情報はECサイトの中にもあるし、そこになければメーカーのHPに行くことができます。リアル店舗では、パッケージの裏に記載してある情報か、お店のPOPくらいしかありません。もっと詳しい情報は店頭を離れて集めなければいけないのです[3]。さらに、現代の買物において、ユーザーの口コミは重要です。もちろん、そのまますべてを鵜呑みにすることはないものの、はじめて買うブランドならば特に参考になります。リアル店舗でこの口コミ情報を得ることはほぼ不可能です。さらに、リアル店舗の買い物は店頭に行かないとできませんが、一方のネット通販の買い物は、24時間、いつでもどこでもできます。

この状況では圧倒的にネット通販が優勢のように見えます。しかし、今夜の調理に使う食材や調味料（醤油）はリアル店舗が便利です。また、リアル店舗の売り場の雰囲気が好きだという人も多くいます。

このように、買い物といってもリアル店舗とネット通販では大きな違いがあります。これからのマーケティングリサーチでは、この点に常に留意して、調査設計から分析までを行うことが大切です。

---

[2] 在庫を保管しておく倉庫が必要なのは一緒だが、陳列されていなくても検索により購入される機会があるという点では大きな違いがある。

[3] 店頭でスマホを開いて情報収集という方法はあるが、逆に店頭で実物を見てECサイトで購入するというケースもある。このような状況で、リアル店舗とネットを融合したオムニチャネルが注目されている。

2. AIDMA から AISAS へ

◆ テレビ CM 全盛時代の AIDMA

消費者行動モデルとして代表的なものに **AIDMA（アイドマ）**[4] がありますが、これはテレビ CM 全盛時代の消費者行動モデルです（図表終-2）。大量のテレビ CM を投下して認知（Attention）を得て、興味・関心（Interest）を喚起させます。それが消費者の欲しい気持ち・欲望（Desire）となり、記憶（Memory）されて、店頭で発見して買われる（Action）ことでモデルが完結します。記述モデルですので、厳密なものではありません。これは、テレビ広告の大量投下と店頭の特売で売上を確保することができた時代の、単線的な消費者行動モデルです。

ネットが普及する以前は、FGI のモデレーションでも対象者の商品の認知と認知経路の回答はほとんどがテレビ CM で、それ以外の認知経路が上がるときは必ずプロービングするようにしていました。購入場面のインタビューでも「特売をやっていたか、大量陳列していたか」を必

[4] 1920年代にアメリカの著述家、サミュエル・ローランド・ホールが著書『Retail Advertising and Selling』中で示したものが由来である。

ずチェックしていました。また、テレビCMを行っていない新製品でも「どこで知りましたか？」に「確か、テレビでコマーシャルを見た」との回答が多く出ることもありました。要するに、認知の主要経路がテレビCMだったので、自分が知っている以上はテレビCMをやっていたのだろうと思い込んでしまうほどの影響力だったのです。

◆ ネット時代のAISAS

　Webが消費活動に取り入れるようになって**AISAS（アイサス）**という消費行動モデルが提案されました。A（認知）、I（興味・関心）の次にネットで探索（Search）する行動が加わり、DとMのプロセスは省略されて購入（Action）され、購入後の製品評価をネットでシェア（Share）するというモデルです。Shareは、SNSへの評価の書き込みをさしています。そして、Shareの書き込みを他の消費者がSearchするループが生まれてくるのです。このように、AIDMAと比べて複線的なモデルになっているのが特徴です。

　FGIのモデレーションでは「ネットで調べましたか？」「メーカーのHPを見ましたか？」などの質問でSearchの実態を把握し、「ネット、SNSに書き込みしましたか？」とShareを確認し、「どんな書き込みをしましたか？」と聞いてよい情報発信か否かをチェックします。

　SearchとShareを比較すると、Searchは頻繁に行われるが、Shareすることは稀であるとの傾向があります。メーカーとしてはよい情報発信をしてくれれば、インフルエンサー（影響力のある人）の役割を果たしてくれるので助かります（インフルエンサーにWeb上で自社製品を推薦してもらう仕掛を作る施策を「**インフエンサーマーケティング**」といいます）。

　インフルエンサーマーケティングといっても自分と利害関係のないメーカーの商品を自主的にShareする一般消費者は少なく、メーカー側が紹介キャンペーンを実施したり、インフルエンサーに対価を払った

りするなどの施策が必要になってきます。SearchもShareも買回り品では起こりやすいのですが、最寄り品ではあまり発生しません（マイナス情報でいわゆる「炎上」を起こすことはあります）。

3 » ビッグデータ分析と定性調査

◆ ビッグデータ分析でわかること

　インターネットの普及により、さまざまなデータが蓄積されてきたこと、コンピュータが大量のデータを処理できるようになってきたこと、**ビッグデータ**を扱う統計解析手法が開発されてきたことによって、ビッグデータ分析が可能になりました。

　ECサイトには極めて大量のデータが集まっています。ある個人がいつ、いくらで、何を、何個買ったかというデータを蓄積しているのです。ある個人の買い物がひとつのECサイトだけで行われるわけではないとはいえ、購買行動の相当部分を把握することができます。購入の年月日時間まで細かく、数百万人、数千万人分蓄積されます。さらに毎日、毎時データは追加されていきます。それを他のイベントデータ（天候、休日、行事など）とマッチングさせることもできます。ここから消費者行動を個別に予測して、リコメンドするなどのサービスが生まれています。

　このような状況では、アナログなマーケティングリサーチは必要なくなってしまうと考えてしまうかもしれません。しかし、ビッグデータの分析だけではわからないことがあります。「今回わが社が実施したキャンペーンで使ったこのキャラクターの評価（販促効果）はどうだろうか」というようなテーマでは、キャンペーンに接触した人に「キャラクターはどのような印象だったか？」という質問文を用意して、改めてインタビュー調査する必要があります。

仮説を作りそれを検証するために、仮説に基づいて作った調査票でデータを収集して分析するマーケティングリサーチは、ビッグデータ分析に比べて細かい対応が可能です。

◆ ビッグデータの定性調査での活用

定性調査とビッグデータ分析は関係なさそうですが、音声認識技術は定性調査でも使える可能性があります。最も可能性がありそうなのは、人の手で行っている発言録の作成の自動化、機械化です。すでに利用されつつありますが、いまのところ、人間が校正するだけで発言録が出来上がるほどの精度はありません。

この音声認識はAIの一分野で自然言語処理の研究が担っています。自然言語処理の最終目的は自動翻訳のようです。自然言語処理技術が進化すれば、モデレーションも分析もAIでできると考えそうなものですが、まだまだ遠い将来の話のようです。そもそも、定性調査のモデレーションや分析は原理的には機械化できないとの見方もあり、現状ではAI化には懐疑的な見方が強いように思います。

◆ 文脈・ストーリーの分析は人間ならでは

定性調査はスモールデータでの分析です。5グループの発言録でもデータ容量はメガバイトの世界です。ビッグデータ分析の世界はギガを超えて、テラ、ペタの世界になっているそうです。スモールデータでも市場や消費者が分析できるのは、我々（の脳）がコトバの意味を理解できるし、文脈も理解できるからです。

例えば、FGIで対象者が「このブランドは空気のようなものよね」と発言したとします。この意味を「なくてはならないものだが普段は気にしない」という意味なのか、「存在感が薄い軽いブランド」という皮肉なのか、はたまた両方の意味を含むものなのか、機械では判断できません（声のトーンで判断できるようになる可能性はあります）。その発言

がどのような文脈で発せられたか、発したときの発言者の態度・姿勢を観察すれば一瞬で理解できます。この文脈理解やその場の状況を含めて意味を理解する能力は、人間（の脳）ならではの能力なのです。

ビッグデータ分析はこのようなニュアンス、文脈、意味の連鎖、つまりストーリー分析が得意ではありません。一方の人間（モデレーター）は過剰とも言えるストーリー性で市場分析しています。

4 » エスノグラフィーの可能性

これからの定性調査は、エスノグラフィーの要素が強くなってくると考えられます。 コトバの字面だけで消費者の文脈・心理を理解しようとしても困難です。マーケター、リサーチャーの文脈は供給者の文脈であり、その論理を消費にそのまま当てはめようとしても、あちこちに齟齬が生まれます。マーケター、リサーチャーも家庭ではいち消費者になれますが、どうしても仕事の論理・文脈で見てしまいます。

そこで、消費者理解を消費者の「異文化（文脈が異なる社会）を理解する」と読み替えなければなりません、文化全体は、同じ日本語を話す同一文化と考えて間違いありませんが、**消費行動は異文化であるとマーケター、リサーチャーは認識する必要が出てくるということです。** したがって、消費者文化を異文化理解の方法論で解明する、ということになります。

ここで、エスノグラフィーの出番になります。**異文化理解としての消費者理解とは、文化的行動の実態（何を買うか・気に入っているか）と、行動を決める価値観の成り立ちを明らかにしていくということです。** それが定性調査の役割になります。そのために、対象者の消費行動・意識の中に入り込んで、対象者のコトバを理解し、文化として記述し直すという、参与観察の意識で定性調査を実施することが大切になります。

5 ≫ VRと定性調査

◆ VRの可能性

　Skypeでは臨場感が足りないということを先述しましたが、臨場感という点では、**VR**（Virtual Reality：仮想現実）技術が注目されています。仮想現実の技術は映画が最初だといえるのではないでしょうか。それまでは2次元のスクリーンに動画を映し、音響効果も同時に使って臨場感を演出し、見ている人に没入感を与えるようにしていました。

　それがVR技術により、2次元画像を3次元にし、音響も3次元化し、時間の流れも取り入れて4次元の仮想現実を作ろうとしています。この技術の目的は、人の全感覚をハッキングすることであり、完全なVRは今生きている世界とは別の世界を生きることであり（体験のハッキング）、ある意味、恐ろしい技術なのです（人の脳に影響を与える、脳の進化を促すとの研究結果もあるようです）。

　現在は、主にゲーム市場での応用が進んでいます。ゲーマーがほぼ完全にゲームの世界で生きる（戦う）ことを可能にしようとしています。もうひとつはマンション販売などで、完成前から自分の部屋での生活が体験できることを目指したりしています。まだ、技術的に未完成の部分はあるものの、ゲームなどでは完全な没入感が得られているようです。

　この技術をゲーム以外に応用することを考えると、旅行業への応用が考えられます。自宅、あるいは日本にいながら、世界中の世界遺産を旅行した感覚（実感）が味わえるという商品が考えられます。

　このようにVRは体験型商品では活用できそうです。

　さらに、教育・訓練での活用も期待できます。アスリートに実戦に近い体験をさせて、フォームの改造に役立てる、アメフトなどのフォーメーションプレーのシミュレーションでクオーターバックのスキルを高め

る、などです。また、自動車修理工など技術者の教育訓練で使えば、熟練工の早期育成が可能です。

ただし、これらを実現するにはまだ、技術的なブレイクスルーがVR側に必要です。VR側とそこに入った人の行動とのインタラクティブなやりとり、例えば、その人が左に動くか、右に動くかで、VR側がそれに応じた反応をしないと完全なVRになりません。ゲームのように動きが限定されていれば対応可能ですが、中の人の動きの自由度が高いほどシステム側の負担が極端に大きくなります。

◆ マーケティングリサーチへの応用可能性

VRのマーケティングリサーチへの応用を考えると、すぐにイメージできるのは「開発中の新製品が置かれた売り場での消費者の行動分析」といった消費の現場を映し出すようなことですが、VR技術を使うにはテーマがやや陳腐な印象です。技術が普及すれば、現在は考えられないような応用例が出るかもしれません。

定性調査では、環境を自由に変えられる行動観察や、シチュエーションを自由に変えたインタビューなどがあげられます。例えば、工場のレイアウトを数パターン用意しておいて、そこで作業を行動観察することで、レイアウトパターンを決めることができます。さらに家の間取りのVRを数パターン用意し、その中で生活してもらってベストなものを選ぶなどが考えられます。

6» ネットリサーチと定性調査の関係はどうなるか

◆ ネットリサーチがもたらしたもの

ネットリサーチはマーケティングリサーチの世界に「スピードと安さ」

をもたらしました。20年前は1か月以上かかるのが当たり前だったのが、1週間もあれば報告書まで上がってきます。しかも費用は10分の1くらいになったので非常に使いやすくなりました。

課題としては、厳密なサンプリングが行えない、なりすまし問題、satisfice回答者問題[5]などがありますが、1つひとつの調査の厳密な検証をするより、何回も実施することで結果は妥当なものに収束するということが経験的にわかってきました。マーケティングの世界では、厳密な数値よりも使える数値を早く安く得たいとのニーズのほうが強いのです。

◆ ネットリサーチの定性調査的分析を行う

ネットリサーチの結果を定性的に使うことも、今後は盛んになると思われます。 ネットリサーチは集計された数値を使います。平均値、比率、最頻値、中央値、範囲など、データがどのように分布しているかに注目します。一方の定性調査はサンプルサイズが小さいので、意見の分布がどうかより、ある特定の対象者に注目することで分析します。消費者全体、ターゲット、当のグループを代表するひとりか数人に注目します。

このように、**少数の人の分析結果を全体に敷衍するのが定性調査の分析ですが、これと同じことをネットリサーチ結果に使うこともできます。** サンプルサイズが400だとして、購入量が最大のサンプルをひとつか数サンプル選び出します（ただし、異常値ではない）。そのサンプルのプロファイルデータ、他の質問の回答データの一覧を作ります。そして、それを読み込んでいきます。ひとつのサンプルの質問文に沿ったストーリー作り、プロファイリングを行います。

これはペルソナとまではいえませんが、平均値では見えないユーザー像が具体的に浮かび上がってくる分析になります。これと集計結果と対比させながら分析するとよりよい分析結果が得られます。サンプルを選び出す時に、なりすましとsatisficeをチェックすれば、思わぬ発見をもたらしてくれます。いわば、ネットリサーチ（定量調査）の定性的分析です。

---

5 質問文を読まずに回答肢の先頭を選ぶ、5段階評価はすべて3にチェックするなどのいい加減な回答者の問題のこと。

◆ ネットリサーチと定性調査をセットで行う

　これからの定性調査は、ネットリサーチ（定量調査）とセットで実施されることがより多くなっていくと考えられます。ネットリサーチを企画し、分析してから定性的に見てみたい、あるいは逆に定性調査結果を定量的に検証したいという理由でネットリサーチを後で実施するという形でネットリサーチと定性調査がセットで実施が増えるということです。

　具体的には、定性調査を先に行い、あとでネットリサーチを企画するパターンが多くなりそうです。ネットリサーチでは質問文・選択肢にない回答は得ることができず、質問文・選択肢作成のためには、対象者の認知構造を事前に把握する必要があるからです。

　定性調査で市場の概略と評価構造を把握し、ネットリサーチの質問文・選択肢の構造をしっかりと作り、定量的に検証するという流れが増えていくのではないでしょうか。

7 » 定性調査のトレンド分析

◆ トレンド分析は難しい？

　トレンド分析は重要な知見を与えてくれます。しかし、マーケティングリサーチでは定性調査を含めて、過去との比較が難しいのです。同一対象に過去と同じ質問をする**パネル調査**であれば、トレンドを把握することができますが、パネル調査はフレキシビリティがないという弱点があります。最近○○が流行しているので○○の質問を追加したしたい、という要望に対応しづらいのです。当然ですが、追加した質問を過去にさかのぼって行うことはできないのです。

　通常の定量調査では調査票をその都度作るので、前回調査の質問文の

追加・変更・削除は自由です。その反面、トレンド比較（前回、前々回との比較）ができず、リサーチは基本的に使い捨てになります。

　トレンドを捉えることはマーケティングリサーチでは重要なテーマなのですが、定性調査にはそもそもトレンド分析の発想そのものがないのです。最大の理由は、定量調査のように質問文と選択肢が固定できないからです。インタビューフローを全く同じにしても対象者の回答は自由ですから、回答の枠組み（選択肢）が前回と確実にズレてきます。

◆ モデレーターが気をつけること

　このような問題を抱えつつも、定性調査のパネルの可能性を考えるべきです。データの動きは定量のパネル調査で得られますが、そのトレンドの解釈のためだけではなく、トレンドそのものを定性調査で扱えます。パネル（対象者）をどう設定するかを含めて考えていくべきです。

　通常のモデレーションでも、モデレーターがトレンド視点を持つことは大切です。テーマと消費全体の流れ（トレンド）の関係性を意識してモデレーションすることです。

　FGIのモデレーターをしていると、モデレーション中に消費トレンドの変化が意外にはっきりとわかることがあります。経済状況、買い物状況、情報接触の変化など、自分なりに視点を決めてトレンドを意識してモデレーションと分析を行うことを繰り返していくと、ポイントがつかめてきます。

8 >> 定性調査の個人情報

◆ 個人情報保護の原則

　最後に、今後の個人情報の取り扱いについて述べます。個人情報の遺

漏事件はしばしば起こります。ネット上やコンピュータ内部には大量の個人情報が蓄積されていますが、それらは日々更新され、いろいろなことに使われています。個人情報保護法では、個人情報取り扱い事業者が個人情報を取り扱う際に、利用目的をできる限り特定し、その目的を超えて勝手に個人情報を取り扱うことを禁じています。つまり、個人が、自分に関する情報が、どこに、どんな内容で蓄積され、どんな活用のされ方をしているかを知り、コントロールする（使わせない）権利を持っているということです。

マーケティングリサーチでもこの個人情報保護は遵守されています（2017年5月30日から、個人情報を扱うすべての事業者に個人情報保護法が適用されるようになりました）。ネットリサーチは100万単位のモニター数を誇っていますが、個人情報としては不完全な形式（個人が特定できない）匿名の名簿として蓄積されています（匿名加工情報）。そのため個人情報にそれほど敏感になる必要はありませんが、**ネットリサーチモニターから定性調査のリクルーティングを行う場合は、改めて個人情報の取り扱いについてモニターの許可を取らなければなりません。**

一方、定性調査は個人情報そのものを扱います。個人が特定できないとインタビュー会場に来てもらうことができません。そのため、定性調査関係者は個人情報が流出しないように、慎重に扱う必要があります。以下が留意すべきポイントです。

①氏名、住所の入った名簿は暗号化する
②氏名はモデレーターと記録者だけに開示する
③終了後、名簿はシュレッダーにかける。ファイルは削除する

なお、インタビュー会場で対象者の名札をカタカナ表記することがありますが、これはやりすぎだと思います。対象者もカタカナ表記の名札を見たら、個人情報がしっかり保護されていると感じるよりも「少し気分を害する」人のほうが多いようです。かつて、名前はいっさい出さず

に対象者を番号で呼んだことがありましたが、これはインタビューの雰囲気を壊します。＜何番さんは？＞と指名すると［私、○○と言います］と対象者が本名を名乗ってしまって、その後は全員［私は△△です］と改めて自己紹介が始まったことがありました。病院の待合室でも番号だけで呼び出されることは少なくなりました（なお、金融機関の窓口は番号だけです。これは名前が重要な口座情報になるからです）。

◆ インタビュー時に気をつけること

インタビューの最初に、モデレーターは以下のような内容を宣言するようにします。

①今回集めた個人情報は今回のインタビューだけでの利用である
②個人名や発言内容が外部に漏れることはない
③録音・録画は報告書を書いたら廃棄する

これだけで対象者は了解してくれます（リクルーティング段階でも個人情報保護の話をしているため）。また、個人情報保護よりもプライバシー保護に近いのですが、「ミラーの裏側で観察している人がいる」と告げる場合があります。これも対象者にとっては「気分を害する」ようで、安心感を与えるより、不安感が大きくなります。**一般社団法人日本マーケティング・リサーチ協会（JMRA）のガイドラインでは宣言することになっていますが、省略する場合が多いようです。**

インタビューの様子をインタビュー会場以外の遠隔地でモニターすることは技術的には可能です。ただ、個人情報がネット上を流れることになるので法務的にはNGです。当然、これを対象者に事前了解してもらうのは非常に困難ですので、モニターしたいのであれば、インタビュー会場に行くようにします。

Column 7
選択盲と変化盲

　選択盲も変化盲も心理学の実験で実証されています。変化盲とは、例えばホテルのフロントでフロントマンと対話していたお客さんが、ちょっと目を離した瞬間にフロントマンが別人になっていてもほとんどの人が気づかない現象をいいます。フロントマンが男性から女性、黒人から白人に替わっても気づかないそうです。

　選択盲とは選択の意図と結果の違いを検出できないことです。男性に女性の写真を何枚か見せて、この中で「最も魅力的と思う」1枚を選んでもらいます。写真を片づけてほんの1分くらい雑談して、「ところで、さっき一番魅力的とおっしゃった女性の魅力ポイントは何ですか？」と言って、選んだものとは違う写真を提示します。するとほとんどの人が「選んだのはこれじゃない」と言わず、提示された写真の女性の魅力ポイントを滔々と語るそうです。さらに「すいません間違えました」と言って正しい（本人が選んだ）写真を提示すると何割かの人は「イヤ、自分が選んだのはさっきの写真だ」と主張するそうです。

　これをインタビューで実験してみました。

- コンセプトシート3種類（文章表現）の中から1枚選ぶ
- 風景写真の中から好きな1枚を選ぶ（すべて山の写真）

　しばらくして、コンセプトシートを提示して「どこがいい？」と質問したら3人中3人が即座に「選んだものと違う」といいました。

　風景写真のほうは、2人はいい点を説明している途中で「あれ？変だな」との反応を示しましたが、ひとりは即座に違うと言いました。

　以上からの教訓は、コトバ（文章）のように意味概念がクリアなものは変化盲が起きないが、ビジュアル（写真、画像）は起きやすいということです。インタビューでも気をつけたいポイントです。

付　録

報告書の例

株式会社○○御中

△△対抗戦略策定のためのFGI
結果報告書

20○○年○月○日
アウラマーケティングラボ

調査概要

1．調査の目的・背景

子供のいる～市場では「△△」が圧倒的なシェアを持っている。
この市場に「新製品」をローンチしようとすると必然的に「△△」対抗となる。
（少なくとも「△△」を無視することはできない）
そこで、今回は、
　① 「△△」の弱点の発見
　　　・併用ブランドは何か。潜在・顕在の不満点。
　② ～のインサイトは何か
　　　・製品ジャンルそもそものインサイトは何か
　　　・その中で、「△△」がカバーしているインサイトは何か
　　　・カバーしきれていないインサイトは何か
　③ 「△△」をリプレースするポイント、きっかけは何か
　　　・ブランドスイッチのきっかけ、ポイント
の3点を定性的に明らかにする。

2．調査の方法

フォーカスグループインタビュー（FGI）

調査概要

3．調査対象の条件
〈共通条件〉
・長子が小学校で、「○○」を2回／週以上使っている主婦
〈グループ構成〉4人／1gr
　　gr1　東京　　○月6日（火）10：30～12：30
　　gr2　大阪　　○月8日（木）11：00～13：00
　　gr3　大阪　　○月8日（木）14：00～16：00

4．調査日程
20xx年　○月6日（火）　10：30～12：30　　gr1　東京
　　　　○月8日（木）　11：00～13：00　　gr2　大阪
　　　　　　　　　　　14：00～16：00　　gr3　大阪
　　　　　　　　　東京はアウラインタビュールーム、大阪は△で実施した。

5．調査実施機関
　　アウラマーケティングラボ

対象者プロファイル

gr1

No.	年齢	居住地	世帯年収	長子年齢	購入ブランド	利用店舗	ECサイト	職業	プロファイル
1	36	浦安市	500～700万	男　小3	△△、××	スーパー、CVS	アマゾン	専業主婦	社交的
2	37	世田谷区	700～900万	男　小2	△△、□□	ドラッグ	アマゾン、楽天	専業主婦	社交的
3	44	所沢市	500～700万	女　小3	△△、○○	スーパー	楽天	専業主婦	おしゃべり
4	35	江東区	700～900万	女　小1	△△、××、□	スーパー	楽天、アマゾン	パート	おっとり

gr2

No.	年齢	居住地	世帯年収	長子年齢	購入ブランド	利用店舗	ECサイト	職業	プロファイル
1	36	大阪市	500～700万	男　小3	△△、××	スーパー、CVS	アマゾン	パート	社交的
2	37	大阪市	700～900万	男　小2	△△、□□	ドラッグ	アマゾン、楽天	パート	おとなしい
3	44	豊中市	500～700万	女　小3	△△、○○	スーパー	楽天	専業主婦	おしゃべり
4	35	門真市	700～900万	女　小1	△△、××、□	ドラッグ	楽天	家業手伝い	おしゃべり

gr3

No.	年齢	居住地	世帯年収	長子年齢	購入ブランド	利用店舗	ECサイト	職業	プロファイル
1	36	大阪市	500～700万	男　小3	△△、××	ドラッグ	アマゾン	パート	おしゃべり
2	37	大阪市	700～900万	男　小2	△△、□□	ドラッグ	楽天	専業主婦	おとなしい
3	44	豊中市	500～700万	女　小3	△△、○○	スーパー	楽天	パート	おしゃべり
4	35	大阪市	700～900万	女　小1	△△、××、□	ドラッグ	楽天、アマゾン	アルバイト	社交的

結果の要約

- 消費者は「△△」の○○を評価していた。
- このジャンルの期待値は「清涼感」を得ることである。
- △△の香りが単調すぎるとの不満が一部のユーザーにある。
- パッケージデザインの評価ポイントはネーミングロゴである。ロゴデザインから機能性を実感している。
- ベースのカラーとシズルカットが柔らかさを感じさせている。

- 広告（テレビCM）の認知率は高いが、ブランドとの結びつきが弱い。
- Webのキャンペーンは主婦層には届いていない。

- 提示コンセプトは受容性が高い。
- 3案の中で、P案の評価が最も高い。△△の弱点をカバーしていると評価された。
- パッケージデザインの評価も高いが、インパクトが足りないとの不満が出た。（△△との差別性が弱い）

調査結果の詳細

1．調査プロファイル

長子が小学校で、「○○」を2回／週以上使っている主婦、という条件でリクルーティングした。
東京1gr、大坂2grの系3gで12人リクルーティングした。
年齢は35歳から44歳にバラついた。
東京は全員専業主婦であったが、大坂は半数近くがパートで働いていた。
東京のグループは大坂に比べてこのジャンルへの関心が高く、購入頻度が高く、ブランド認知も広かった。
SNSへの関心も大坂より東京が高く、情報発信意欲も高い。大坂ではSNSよりもリアルなコミュニケーションを重視していた。

2．～の購入・使用実態

週2回以上○○を使っているとの条件でリクルーティングしたが、ほぼ全員が、ほぼ毎日、子供に○○を与えていた。ほぼ生活に定着したと言えるが、使い始めは小学校入学がきっかけで、周囲にも使う人が多いということである。
母親の予想としては中学校に入る前まで（6年生になったら）使わなくなるだろうと予想している。
学校で使うのはもちろん、自宅や塾、習い事でも使うということである。
購入はほぼDSで、大量に使うのでまとめ買い、ケース買いがおおい。
価格は20円／1個あたり、を切れば迷わず買うとのことであった。

調査結果の詳細

3．△△の評価構造

△△は○○市場で圧倒的なシェアを持っているが今回の対象者も6割以上が△△をメインに使っている。
次が□ブランドであるが、価格は安いものの製品のパフォーマンスが良くないとされている。
□以下のブランドはほとんど使うことがなく、普段行くDSにもこの2ブランドしかおいていないということである。
評価ポイントは「清涼感」が強いことである。
この清涼感は子供も母親も実感している。
ミント系の清涼感だが、単にスースーするだけでなく、しっかりした味覚もあるとのことである。
この味覚が差別でき優位性のポイントであろう。
香りは「感じない」という人もいて、あまり意識されていないが、「香りがあるというなら、もっとしっかり香って欲しいとの不満はある。
パッケージデザインの評価も高い。ポイントは、
- ネーミングとマッチしたロゴデザイン
- 清涼感を感じさせるベースカラー

の2点でコンセプトに合致している。

4．プロモーション評価

テレビ広告の認知率は高い。
共感度も高い。作品のトーン＆マナー、出演タレントも全体イメージにマッチしているとのことである。

戦略の方向性（提案）

△△の牙城を崩せる可能性のあるコンセプトと評価された。
課題は「香り」での差別性であり、現在の仕様で十分優位性はあるものの、コミュニケーションでどう訴求していくかが課題である。発売までに、香りの優位性を表現する「表現ワード」を開発する必要がある。
価格での優位性は「安い」を訴求せずに「リーズナブル」を前面にだすべきである。

ターゲットが△△の継続層なので、新製品のコンセプトをエッジを立てて訴える総合戦略が必要になる。
香りでは優位性があるものの「爽快感」では同等の評価になっている。
○○○の基本ベネフィットは「爽快感」なので、製品改良も含めて爽快感を再検討する必要がある。
そのために市場導入が遅れる可能性も検討すべきである。

パッケージデザインは今回のもので問題はなさそうである。
ベースカラーのブルーが爽快感を感じさせ、中央のアイコンの鋭い印象とあいまって高い機能性の演出に成功している。
ネーミングは憶えやすさ、音感、共感性の点でP案を採用すべきであろう。

以上、再検討すべき点をブラッシュアップしてもう一度、受容性を調査する必要がある。

調査資料

インタビューフロー

提示コンセプトシート（P、Q、R）

コンセプト説明資料

パッケージデザイン案

提示した既存品のパッケージ写真

索 引

【あ行】

アイコンタクト ………………………… 133
アイスブレイク ……………… 77, 91, 92
アイトラッキング ………………………… 33
アウトプット …………………………… 76
アクティビティシナリオ ……………… 166
アクティブインタビュー ………………… 63
アスキング ……… 30, 31, 42, 63, 126, 158
アポリア ………………… 49, 118, 153
アンケート調査 ………………………… 26
一対比較 ………………………………… 53
意味記憶 ……………………………… 172
インサイト …… 53, 63, 96, 155, 157, 158, 159
インタビュー調査 ……… 31, 36, 37, 50
インタビューフロー ……… 30, 45, 71, 72, 75, 76, 94, 100, 159
インタビュールーム ………… 86, 88, 90
イントロダクション …………………… 77
インフルエンサー ……………………… 189
ウォンツ ……………………………… 141
エクストリームユーザー ……………… 136
エスノグラフィー …… 40, 43, 139, 192
エピソード記憶 ……………………… 172
エボークトセット ………………… 186, 187
オーバーラポール ………………… 132, 133

【か行】

価格 …………………………………… 150
カスタマージャーニー …………… 65, 167
カスタマージャーニーマップ ……… 167, 171
仮説のスクラップアンドビルド ……… 102
買回り品 ………………………… 152, 153
観察調査 …………………………… 32, 40
機縁法 ………………………………… 57, 84
企画書 ………………………… 71, 72, 73
企業ブランド ………………………… 148
共感 …………………………………… 95
記録係 ………………………………… 99
クイックインタビュー ……………… 56, 57
クライアント …… 70, 76, 79, 86, 102, 108, 127
グループダイナミクス ……………… 37, 80
クロージング ………………………… 77
見学者 ………………………………… 88
行動観察 ……… 30, 32, 33, 42, 43, 44, 45, 139
コグニティブインタビュー …………… 64, 65

個人情報 …………… 91, 177, 197, 198, 199
コンセプト …………………………… 141
コンセプト開発 ………………… 140, 163
コンセプトシート …… 77, 79, 89, 94, 108, 200
コンセプト受容性 ……………… 141, 142
コンテクスチュアルインクワイアリー法
………………………………… 50, 139

【さ行】

作話 …………………………………… 115
サンプルサイズ ………………………… 27
参与観察 …………………………… 30, 40
シーズ発想 …………………………… 138
事前アンケート ……………………… 93
集団両極化現象 ……………………… 116
正直なウソ …………………………… 115
消費者インサイト ……………… 155, 156
情報フレーミング …………………… 152
スクリーニング調査 …………………… 84
捨て質問 ……………………………… 93
ストーリー記述 ……………………… 108
製品ブランド ………………………… 148
セグメンテーション …………… 143, 144
善意の破壊者 ………………………… 134
選択盲 ………………………………… 200

【た行】

ターゲットプロファイリング ………… 144
ターゲティング ………………… 143, 144
対象者 …… 27, 82, 83, 84, 90, 112, 114, 115, 117, 118, 119, 120, 121
対象者条件 …………………………… 80, 82
対象者人数 …………………………… 82
対象者発言 ……………………… 94, 95, 97
台割れ価格 …………………………… 152
調査慣れ ……………………………… 120
調査票 …………………… 26, 36, 71, 72, 191
沈黙 …………………………………… 125, 126
定量調査 ……… 25, 26, 27, 28, 29, 30, 56, 57, 72, 150, 154, 155, 195, 196
テープ起こし …………………… 99, 100, 105
テキストマイニング …………… 26, 105, 106
弟子と師匠モデル ……………………… 50
デプスインタビュー …………………… 139
デブリーフィング ……… 95, 96, 102, 104
デルファイ法 ………………………… 32

207

投影法 …………………………………… 47, 49, 50
同行調査 ………………………………… 46, 47
導入話題 ………………………………… 77
特殊な対象者 …………………………… 134
トレンド ………………………………… 196, 197

【な行】

なりすまし ……………………………… 84, 195
ニーズ …………………………………… 141
ニーズ発想 ……………………………… 138
ネットモニター ………………………… 84
ネットリサーチ ………… 26, 27, 57, 194, 195, 196, 198

【は行】

入り込む ………………………………… 124, 125
発言録 ………………… 26, 97, 98, 99, 103, 104, 105, 106, 191
パネル調査 ……………………………… 196
バリューシナリオ ……………………… 166
バンドワゴン効果 ……………………… 115, 116
ヒアリング ……………………………… 31, 71
非言語コミュニケーション …………… 133
ビッグデータ分析 ……………… 180, 191, 192
評価グリッド法 ………………………… 53
ファミリーへのインタビュー ………… 39, 40
深掘り ……………………… 94, 95, 131, 154
ブランド ………………………………… 147, 148
ブランドイメージ ……………… 53, 148, 149
ブリーフィング ………………… 79, 99, 164
プレゼンテーション …………………… 108, 109
プレミアム価格 ………………………… 151
プレミアムブランド …………………… 148
プロービング …………… 94, 127, 128, 129, 131
プロファイリング ……… 145, 160, 161, 164, 165, 195
文化人類学 ……………………………… 40
文脈的質問法 …………………………… 50
ペアインタビュー ……………………… 39
ベネフィット …………………………… 141
ペルソナ ………………… 145, 160, 161, 162, 163, 164, 165, 166
変化盲 …………………………………… 200
報告書 ………… 62, 102, 104, 106, 107, 108, 109
ホームビジット ………………… 33, 45, 46, 177
ポジショニング ………………………… 144, 145
本テーマ ………………………………… 77

【ま行】

マーケティングストーリー ……… 74, 75, 101, 104, 108, 109
マーケティングテーマ ……………… 68, 69, 70
メタファー法 …………………………… 51, 52
モナディック評価 ……………………… 53
モデレーター ……………… 36, 75, 121, 122, 123, 124, 125, 126, 127, 128, 192, 197
最寄り品 ………………………………… 152, 153

【ら行】

ラダー構造 ……………………………… 53, 131
ラダリング法 …………………………… 53
ラポール形成 …………… 57, 77, 91, 92, 121
リエゾンインタビュー ………………… 58, 59
リクルーティング ……… 42, 82, 84, 85, 93, 121, 135, 144, 198, 199
リサーチテーマ ………………… 68, 69, 70
リスニング ……………………… 30, 31, 126
レパートリーグリッド法 ……………… 53

【わ行】

ワークショップ ………………………… 62, 63
ワールドカフェ ………………………… 64
1on1 …………… 37, 42, 51, 60, 61, 65, 75, 80, 82, 83, 164, 165, 176

【アルファベット】

AI（Artificial Intelligence）…… 105, 163, 191
AIDMA（アイドマ）…………………… 188, 189
AISAS（アイサス）……………………… 167, 189
B2B ……………………………………… 32
B2C ……………………………………… 32
CGM（Consumer Generated Marketing）
 ……………………………………… 185
DaybyDay インタビュー ……………… 60, 61
EC サイト ……………………………… 180, 185
FGI（Focus Group Interview）……… 36, 37, 62, 63, 75, 80, 82, 83, 88, 92, 116, 164, 178
MROC®（Marketing Research Online Community：エムロック）……… 178, 179
SEO（Search Engine Optimization）…… 169
Skype …………………………… 46, 176, 177
SNS（Social Networking Service）
 ………………………… 26, 106, 184, 185
STP（Segmentation, Targeting, Positioning）
 ……………………………………… 143
VR（Virtual Reality）………………… 193, 194

【著者プロフィール】
石井　栄造（いしい・えいぞう）
アウラマーケティングラボ代表。
1950年生まれ。立教大学社会学部卒業。株式会社インテージ、株式会社ビデオリサーチにてパネル調査とシングルソースデータの設計・分析に、株式会社ガウス生活心理研究所にて定性調査に携わり、有限会社アウラマーケティングラボを設立。同社の代表取締役に加えて有限会社オフィスコキリコ顧問を務める。
40年以上にわたり、マーケティングリサーチに基づいたマーケティング提案を行っており、定量調査、定性調査、エスノグラフィーを駆使して消費者理解・評価、コンセプト開発に関わっている。また、定性調査の新手法の開発や使い方の啓発を目的にオープンセミナーも開催し、マーケティングリサーチコンサルタントとして活躍中。
著書に『図解ビジネス実務事典　マーケティングリサーチ』『図解　マーケティングリサーチの進め方がわかる本』（いずれも日本能率協会マネジメントセンター）などがある。
連絡先：auraebisu@gmail.com
http://www.auraebisu.co.jp

基本がわかる　実践できる
マーケティングリサーチの手順と使い方［定性調査編］
2019年3月10日　初版第1刷発行

著　者——石井 栄造
　　　　　Ⓒ2019 Eizo Ishii
発行者——張　士洛
発行所——日本能率協会マネジメントセンター
〒103-6009 東京都中央区日本橋2-7-1　東京日本橋タワー
TEL 03（6362）4339（編集）／03（6362）4558（販売）
FAX 03（3272）8128（編集）／03（3272）8127（販売）
http://www.jmam.co.jp/

装　　　丁——冨澤 崇（EBranch）
本文DTP——株式会社森の印刷屋
印　　　刷——広研印刷株式会社
製　　　本——株式会社三森製本所

本書の内容の一部または全部を無断で複写複製（コピー）することは、法律で認められた場合を除き、著作者および出版者の権利の侵害となりますので、あらかじめ小社あて許諾を求めてください。

ISBN978-4-8207-2701-9 C2034
落丁・乱丁はおとりかえします。
PRINTED IN JAPAN

JMAMの本

実戦
商品開発マーケティング戦略

「刺さる商品の作り方」を
学ぶのに最適の一冊!

MBA＆中小企業診断士
佐藤 義典 著

四六判ソフトカバー　304ページ
［発行形態：単行本／電子書籍］

- ●実戦性：「使い方・TPO」主導の、刺さる商品開発法がわかる
- ●戦略性：使い方・TPOを「戦場（市場）」に効果的に落とし込む方法がわかる
- ●網羅性：戦略を網羅的にチェックする本書独自のメソッドへの落とし込み方が容易にわかる

顧客がモノを利用するTPO（時間、場所、場合）から発想しなければ、売れる商品は生まれない。シンプルだが見落としがちな、TPOに基づく商品開発のアイデア発想と企画プロセスを著者が持つメソッドに沿って紹介。

JMAM出版 で検索！　試し読みができます！

日本能率協会マネジメントセンター

JMAMの本

図解
オムニチャネル・マーケティング戦略

伝統的メディア
×
デジタルメディアを
統合した
マーケティング4.0
への布石

日本能率協会コンサルティング
小河原 光司 著

A5判ソフトカバー　224ページ
[発行形態：単行本]

オムニチャネルをビジネスモデルとして理解するための「包括的な検討フレームワーク（枠組）」を提示し、具体的に推進する方法を図解でわかりやすく説明する、ノウハウ満載の実践書。『①オムニチャネルの基本知識＋②実現に向けたやり方』がわかる！

[主な目次]
第1章　オムニチャネル・マーケティング戦略をはじめよう／第2章　オムニチャネルの基本を理解する／第3章　オムニチャネル・マーケティング戦略策定7つのポイント／第4章　オムニチャネル・マーケティング戦略を実行する／第5章　オムニチャネル・マーケティング戦略実行の際の留意点／第6章　オムニチャネル企業事例

JMAM出版 で検索！　試し読みができます！

日本能率協会マネジメントセンター

JMAMの本

心理マーケティング 100の法則

人は心で
好き嫌いを判断して、
心で買う買わないを
決める！

ファーストアドバンテージ
酒井 とし夫 著
四六判ソフトカバー　224ページ
［発行形態：単行本／電子書籍］

営業・マーケティング、接客業などに従事し、すぐに効果を上げたいと悩んでいるビジネスパーソン、社内外の仕事関連の人たちとのコミュニケーションをもっと上手にとりたいと悩んでいる人に向け、ビジネス心理学に基づく販促テクニックや営業術を「見開き2ページで100項目」紹介！

［内容の一部］
001　リスクを煽る販促法　得よりも損のほうが購買行動は強化される／027　奇数をコピーに入れる方法　日本人は偶数よりも奇数を好む／078　好感度コミュニケーション法　プレゼンは左から右へ動くと、自然な感じになる／086　効果の高い褒め方　誰かが褒めていたと言われると、嬉しさが増す／など

JMAM出版　で検索！　試し読みができます！

日本能率協会マネジメントセンター